NUOVA GUIDA DI
NAPOLI
E DINTORNI

Edizioni KINA ITALIA

ITINERARI

Primo Itinerario
PIAZZA MUNICIPIO - MASCHIO ANGIOINO
GALLERIA UMBERTO I
PIAZZA TRIESTE E TRENTO
TEATRO SAN CARLO.

Secondo Itinerario
PIAZZA PLEBISCITO E QUARTIERE PIZZOFALCONE
PALAZZO REALE
SAN FRANCESCO DI PAOLA.

Terzo Itinerario
SANTA LUCIA - BORGOMARINARO
CASTEL DELL'OVO
VIA CARACCIOLO
L'ACQUARIO - VILLA PIGNATELLI
RIVIERA DI CHIAIA
MERGELLINA - POSILLIPO
NISIDA - FUORIGROTTA.

Quarto Itinerario
VIA TOLEDO
SANT'ANNA DEI LOMBARDI
CHIESA DEL GESÙ NUOVO
CHIESA E CHIOSTRO DI SANTA CHIARA
SAN DOMENICO MAGGIORE
CAPPELLA SAN SEVERO.

Quinto Itinerario
PIAZZETTA NILO
VIA SAN BIAGIO DEI LIBRAI
SAN GREGORIO ARMENO
DUOMO.

Sesto Itinerario
PIAZZA BELLINI - MURA GRECHE
SAN PIETRO A MAIELLA
CROCE DI LUCCA - CAPPELLA PONTANO
VIA DEI TRIBUNALI
SANTA MARIA MAGGIORE
SAN GIOVANNI A CARBONARA
SANTA CATERINA A FORMIELLO
PORTA CAPUANA.

Settimo Itinerario
MUSEO ARCHEOLOGICO
CATACOMBE
MUSEO DI CAPODIMONTE.

Ottavo Itinerario
VOMERO - VILLA FLORIDIANA
CASTEL SANT'ELMO - CERTOSA DI SAN MARTINO
MUSEO DI SAN MARTINO.

Nono Itinerario
PIAZZA MUNICIPIO E CORSO UMBERTO I
PIAZZA DEL MERCATO
SANTA MARIA DEL CARMINE
PIAZZA GARIBALDI, PIAZZA CARLO III
ORTO BOTANICO.

Dintorni
VESUVIO - POMPEI - CAPRI - ISCHIA - PROCIDA
CAMPI FLEGREI - SORRENTO
COSTIERA AMALFITANA.

Introduzione

Sono oscure e contoverse le ipotesi sulla fondazione di Napoli. Storici e archeologi concordano sul fatto che la città sia di origine greca e che siano stati coloni provenienti dalla vicina Cuma a scavare le prime fondamenta. Ma le circostanze di questo avvenimento restano comunque poco chiare. C'è chi sostiene che Neapolis fosse, appunto, la "città nuova", nata in opposizione a una "città vecchia" (Paleopolis); altri invece negano l'esistenza di un nucleo abitato più antico e sostengono che i Cumani, nel corso del VI secolo a.C., abbiano direttamente fondato una Neapolis[1] che si dovrebbe ritrovare oggi fra l'attuale via Foria e il mare. Qualunque sia l'origine, la scelta del luogo per la sua fondazione fu senza dubbio molto fortunata. Clima delizioso, natura lussureggiante, vista incantevole su uno dei golfi più belli al mondo, nel periodo romano Napoli cominciò a espandersi e ad acquisire quella fama che avrebbe conservato inalterata nel corso dei secoli a venire. Secoli percorsi da una storia complessa e tormentata, fatta di brevi periodi di florida autonomia e di centinaia di anni di dominazioni straniere più o meno benevole e illuminate. Bizantini, Goti, Normanni, Svevi, Angioini, Aragonesi, Borbone: di tutti costoro la città reca almeno una traccia, in molti casi numerose testimonianze. Romolo Augustolo, Tancredi, Federico II, Carlo I d'Angiò, Giovanna I, Ferdinando I d'Aragona, Filippo II d'Asburgo, il viceré don Pedro di Toledo, Gioachino Murat: tutti possedettero Napoli e Napoli fu costretta a sottomettersi alla loro munificenza e alle loro follie, alla loro benevolenza e alla loro crudeltà, alla loro politica e alle loro vendette. Quasi tutti le regalarono grandiosi monumenti e tirannia, chiese sontuose e battaglie, opere di pubblica utilità e tasse gravose. In questa altalena di fasti e di miseria, di povertà e ricchezza, di pace e di guerre inframmezzate da calamità naturali d'ogni sorta, Napoli mantenne sempre vivo un carattere fondamentale: la propria indipendenza. Persino nei momenti in cui la dominazione straniera si faceva sentire maggiormente, la città non si dimostrò mai totalmente asservita. Bastano a dimostrarlo i sollevamenti popolari che costellano la sua storia, la celeberrima rivolta del popolano Masaniello, gli assedi ai centri del potere contestato. Ma al di là di questi episodi di vasto respiro, si trattò sempre di un'indipendenza più intima, talvolta intellettuale, molto spesso vissuta più nel profondo dell'anima, in silenzio, da ciascuno, che non gridata coralmente nelle piazze. Quasi che per secoli i napoletani si fossero tramandati di generazione in generazione il compito di mantenere viva la propria libertà, quel carattere che non si saprebbe definire altrimenti che "napoletanità". Nessun'altra ragione potrebbe spiegare l'ininterrotta vivacità culturale e la libertà intellettuale di questa città, la sua intraprendenza e la sua energia illimitate, la sua umanità, la sua fierezza e la sua capacità di superare ognuno dei mille avvenimenti che hanno segnato la sua storia.

Napoli è una città d'arte nel senso più vero dell'espressione. Una città dove l'arte sembra essere germogliata spontaneamente dal terreno fertile producendo meraviglie in ogni suo ambito, dalla pittura alla musica, dalla poesia all'architettura, dal teatro alla danza. Le sue vie sono disseminate di monumenti splendidi e grandiosi. E di gente, persone che quotidianamente "fanno" Napoli, perpetuano la sua cultura e il suo inimitabile modo di vivere, talvolta contestato, spesso incompreso ma sempre, almeno in una delle sue innumerevoli forme, ammirato. Neapolis, davvero città sempre nuova, metropoli del Duemila dove però ancora si "respira" la sua cultura antica e profonda e si "sente", inalterata da secoli, l'autenticità della sua gente.

Primo Itinerario

Piazza Municipio

Vivace centro amministrativo e commerciale della città, questa piazza lievemente in pendenza, risistemata e ulteriormente abbellita in occasione dell'incontro dei G7 (1994), rappresenta un elegante salotto per ammirare alcune delle principali bellezze di Napoli. Dalla vasta area ornata al centro dal solenne monumento a Vittorio Emanuele II (realizzato nel XIX secolo dagli scultori campani Tommaso Solari e Alfonso Balzico) è infatti possibile scorgere non soltanto il vicino palazzo del Municipio e la chiesa di San Giacomo degli Spagnoli (che affacciano direttamente sulla piazza), ma anche Castel Nuovo (ugualmente conosciuto come Maschio Angioino), Palazzo Reale, la zona portuale e, in lontananza, il Vesuvio da una parte e dall'altra la verde collina di San Martino su cui spiccano il candido edificio dell'omonima Certosa e Castel S. Elmo.
A ovest, l'imponente palazzo del Municipio, detto anche di San Giacomo per la presenza dell'attigua chiesa dedicata al Santo, fu innalzato su progetto degli architetti napoletani Luigi e Stefano Gasse nel 1816-1825 per ospitare i ministri del Regno borbonico. L'ala destra dell'edifi-

cio è occupata dalla chiesa di San Giacomo degli Spagnoli, così detta perché fu voluta dal viceré don Pedro di Toledo. La sua costruzione risale al 1540, ma il suo aspetto attuale si deve alla serie di trasformazioni attuata circa duecento anni dopo, intorno alla metà del XVIII secolo. L'interno, con pianta a croce latina, tre navate precedute da un vestibolo e ampia abside, è ricco di testimonianze artistiche risalenti soprattutto al XVI secolo, in particolare dipinti e opere scultoree che ornano monumenti funebri: tra questi ultimi è notevole il sepolcro di don Pedro di Toledo, decorato da statue con le Virtù cardinali e, nel basamento, da rilievi raffiguranti episodi storici della vita della città.

Lasciato il palazzo del Municipio, proseguendo in direzione del mare si incontra sulla sinistra il teatro Mercadante, innalzato nel 1778 ma con la facciata principale rifatta alla fine del XIX secolo.

All'estremità della piazza si protende nell'area del porto l'ampio Molo Angioino, fatto costruire nel 1302 da Carlo II d'Angiò, che separa il Bacino Angioino, voluto alla fine del XVI secolo dall'allora viceré, e il Porto Mercantile, fatto realizzare da Carlo II d'Angiò e in seguito ampliato e perfezionato dai regnanti che gli succedettero.

Piazza Municipio e Castel Sant'Elmo

Maschio Angioino

L'edificio si innalza a sud della piazza del Municipio su un'altura che rende se possibile ancora più imponente e maestosa la sua mole. Conosciuto come Castel Nuovo per differenziarlo dai più antichi Castel dell'Ovo e Castel Capuano, fu battezzato Maschio Angioino (cioè castello turrito dei d'Angiò) in riferimento al suo fondatore, Carlo I d'Angiò, che lo fece erigere tra il 1279 e il 1282 come propria residenza. Già Alfonso d'Aragona, tuttavia, lo fece ricostruire quasi completamente da artigiani e artisti spagnoli e toscani per sanare gli ingenti danni subiti dall'edificio durante le guerre che nel XV secolo insanguinarono il Regno (il principale elemento rimasto dell'impianto originario è la cappella Palatina, che ospita oggi sculture e affreschi del XIV e XV secolo appartenenti al Museo Civico; dipinti dal XV al XX secolo, argenti e bronzi del Museo sono invece custoditi nei tre piani dell'ala sud del castello). Nella prima metà del XVI secolo i bastioni circolari esterni, realizzati qualche anno prima dal fiorentino Antonio da Settignano appositamente per potervi collocare l'artiglieria del re aragonese, furono rimpiazzati dai bastioni spagnoli (uno dei quali andò completamente

1) Piazza Municipio - Fontane
2) Maschio Angioino

PRIMO ITINERARIO

distrutto nel 1536 in seguito allo scoppio delle polveri da sparo che vi erano stivate); ma fu soprattutto il XVIII secolo a vedere le maggiori trasformazioni e le più importanti modifiche alla struttura. All'inizio del Novecento, infine, un'imponente opera di restauro e di parziale ricostruzione condotta in parte sulla base di documenti antichi che lo raffiguravano ha conferito al Maschio Angioino l'aspetto che ancora oggi mantiene.

A pianta trapezoidale, il castello è munito di cinque poderosi torrioni merlati a base cilindrica completamente ricoperti di piperno (una roccia eruttiva di colore grigio) che si innalzano dal fossato che circonda completamente l'edificio. Stretto tra le due torri che affiancano l'ingresso sul lato occidentale (la torre di Guardia e la torre di Mezzo) si erge il famoso Arco di Trionfo: l'imponente opera, innalzata in onore di Alfonso I, che entrò a Napoli il 26 febbraio del 1443, fu realizzata da un numero imprecisato di artisti (tra cui Domenico Gagini e Francesco Laurana) i cui nomi non sono ancora stati identificati tutti. L'aspetto celebrativo del monumento è evidente sin dai rilievi che ornano le colonne corinzie su cui poggia il primo arco, raffiguranti Alfonso con la famiglia e membri del Regno; al di sopra si apre un ampio attico, recante il vero e proprio rilievo con il Trionfo, sormontato a sua volta

da un secondo arco (questa volta sorretto da colonne ioniche) su cui insiste un altro attico ornato dalle statue della Temperanza, della Fortezza, della Giustizia e della Magnanimità collocate entro eleganti nicchie. Conclude la complessa struttura la figurazione di due fiumi sormontata dalla statua di San Michele.

Una passeggiata intorno al castello offre un'ottima panoramica sull'architettura dei fortilizi dal XIV al XVIII secolo. A sinistra dell'ingresso, la torre di San Giorgio precede l'ininterrotta muraglia rimaneggiata nel XVIII secolo che si sviluppa lungo il lato settentrionale e si conclude con la torre del Beverello, alle spalle della quale si apre, nell'interno, la sala dei Baroni, di cui sono visibili alcune finestre. Il lato orientale, rivolto verso il mare, è movimentato dalla parete absidale della cappella Palatina, il più importante, come già ricordato, degli elementi architettonici trecenteschi ancora sussistenti. Segue un corpo notevolmente avanzato oltre il quale si notano due logge sovrapposte (XV e XVI secolo) che si prolungano fino al quinto torrione, l'unico privo di rivestimento di piperno. Un'altra cortina di mura, questa sormontata da una loggia, congiunge questa torre (detta dell'Oro perché era quella in cui gli Aragonesi custodivano le proprie ricchezze) alla torre di Guardia che fiancheggia l'Arco di Trionfo.

Attraverso quest'ultimo si accede al cortile del castello, preceduto da un atrio con soffitto a volta che denuncia chiaramente la sua origine stilistica spagnola. Lo spiazzo interno, a pianta quadrangolare, è delimitato ai lati da architetture settecentesche (a ovest e a nord) e cinquecentesche (a sud): del XV secolo rimane un portico in pietra grigia come l'esterno scandito da pilastri ottagonali. Lungo il lato orientale si susseguono le facciate della sala dei Baroni (fiancheggiata da una scala che risale alla costruzione originale e particolarmente pregevole per l'ornamentazione), quella della cappella Palatina e quella dell'appartamento riservato ai viceré. La sala dei Baroni (dove si svolgono attualmente le riunioni del Consiglio comunale), realizzata dall'architetto spagnolo Guglielmo Sagrera nella prima metà del XV secolo, è un grandioso salone a pianta quadrata notevole in particolare per l'altissimo soffitto a volta ottagona ornato da decorazioni raffiguranti le imprese dei principi aragonesi e percorso da un ambulacro aperto sull'ambiente da una serie di piccole finestre. La parete rivolta a mare è impreziosita da un imponente camino scenograficamente collocato tra due finestroni. Il salone era collegato internamente con gli appartamenti reali mediante il portale del Trionfo (a sinistra dell'ingresso): nel 1919 un grave incendio che provocò danni ingenti a tutta la sala guastò irrimediabilmente i bassorilievi che ornavano il portale all'esterno e all'interno, eseguiti rispettivamente da Domenico Gagini e Francesco Laurana. A destra della sala dei Baroni si trova la trecentesca cappella Palatina, detta anche chiesa di Santa Barbara o di San Sebastiano, voluta dagli Angiò. Particolarmente pregevole, sulla facciata, è il portale in marmo decorato con raffinati rilievi quattrocenteschi che raffigurano la Natività, una Madonna circondata da angeli e una Vergine: il rosone che lo sovrasta, eseguito da artisti spagnoli, fu realizzato nel XV secolo per rimpiazzare quello originale, distrutto da un terremoto nel 1456. L'impianto austero dell'interno, con un'unica navata, è animato da slanciate monofore gotiche un tempo decorate da affreschi di scuola toscana con rappresentazione di soggetti vari di cui rimangono soltanto poche tracce. Di grande eleganza è il ciborio quattrocentesco collocato in corrispondenza della parete sinistra del presbiterio, ornato da un rilievo con l'Ultima Cena. A sinistra del presbiterio una scaletta a chiocciola con oltre cento gradini collegava la cappella con l'attigua sala dei Baroni. Anticamente la cappella era connessa mediante un'altra scaletta a chiocciola (oggi murata) a un ambiente piuttosto macabro che va comunemente sotto il nome di sotterraneo della congiura dei Baroni: qui sono conservate, entro casse scoperchiate, quattro mummie risalenti al XV e XVI secolo, tra cui una particolarmente impressionante con

Particolare del portale del Maschio Angioino

le mani legate e i lineamenti del viso contratti che denuncia senza ombra di dubbio una morte violenta per soffocamento.
Le mura del castello furono testimoni nel corso dei secoli di vicende singolarmente varie e talvolta decisamente tragiche. Da un lato, infatti, il Maschio Angioino ospitò sempre poeti, letterati, umanisti e studiosi illustri quali Francesco Petrarca, Boccaccio, Lorenzo Valla e Bartolomeo Facio, solo per citarne alcuni, nonché artisti di indiscussa fama (persino Giotto fu chiamato da re Roberto nel XIV secolo per realizzare alcuni affreschi di cui purtroppo non rimane traccia) testimoniando quindi una notevole sensibilità delle varie corti che vi si succedettero; dall'altro è pur vero che, aspramente conteso in quanto simbolo del potere del regno nelle lotte che per secoli contrapposero i francesi agli spagnoli e il popolo a tutti i dominatori stranieri, il castello fu lo scenario in cui si svolsero alcuni degli episodi più cruenti e insieme più importanti della storia partenopea e non solo: proprio qui, per esempio, il pontefice Celestino V, cantato da Dante nella Divina Commedia come colui che fece "per viltade il gran rifiuto", rinunciò nel 1294 al papato. Tra gli eventi più celebri e sanguinosi di Castel Nuovo rimane sicuramente quello che ebbe come protagonista nell'estate del 1486 Ferdinando I, il quale invitò alla sua corte con il falso pretesto delle nozze di una nipote i più illustri baroni del regno e poi ne fece arrestare e giustiziare un gran numero con l'accusa, peraltro fondata, di avere congiurato contro di lui. In quanto simbolo del potere, Castel Nuovo fu inoltre più volte preso d'assalto dal popolo napoletano per dimostrare la propria ribellione o la propria protesta, come avvenne per esempio nel 1346 quando si diffuse la notizia dell'uccisione di Andrea d'Ungheria, marito di quella stessa Giovanna I che ne volle la morte insieme a un pugno di congiurati e fratello di quel Luigi d'Ungheria che occupò il castello due anni più tardi costringendo la regina a rifugiarsi in Francia.

Galleria Umberto I

Da piazza del Municipio, percorrendo l'elegante via San Carlo si incontra sulla destra la monumentale costruzione intitolata al re Umberto I, una delle più maestose di tutta Italia. L'imponente struttura, inserita nell'impianto urbano come galleria di collegamento secondo uno schema usuale alla fine del XIX secolo, fu innalzata dal napoletano Emanuele Rocco, coadiuvato da altri architetti, tra il 1887 e il 1891. Poggiante su un'ampia base ottagonale, la scenografica cupola progettata da Paolo Boubée, con struttura portante in ferro e copertura in vetro (come del resto l'intera galleria) e alta al vertice ben 57,5 metri, conferisce all'edificio una notevole leggerezza che si sposa perfettamente con l'ariosità dei finestroni a lunetta e dei bracci della galleria. Pregevole è la decorazione delle pareti interne, ripartite su due livelli superiori poggianti sui pilastri del piano terreno, mentre abbondantissima e altisonante è l'ornamentazione riservata all'esterno della galleria. Al di sotto della struttura fu ricavata una sala circolare riccamente decorata con motivi in stile belle époque per ospitare il teatro Margherita.

Piazza Trieste e Trento

Usciti dalla Galleria Umberto I, proseguendo ancora lungo la via San Carlo si raggiunge questa piccola piazza ornata al centro da una bella fontana, in passato conosciuta sotto il nome di piazza San Ferdinando per la presenza della chiesa omonima che inserisce il suo prospetto frontale nell'impianto irregolare della piazza. La chiesa, innalzata e subito modificata nel XVII secolo, appartenne inizialmente ai Gesuiti che la consacrarono a San Francesco Saverio e solo nella seconda metà del XVIII secolo assunse la denominazione attuale in onore del re Ferdinando di Borbone: ciò spiega per quale motivo nell'interno a navata unica la maggior parte delle opere pittoriche abbia come soggetto san Francesco Saverio e non San Ferdinando, presente comunque sull'altare maggiore in un dipinto ottocentesco del napoletano Filippo Maldarelli.

1) Piazza Trieste e Trento
2) Galleria Umberto I

Teatro San Carlo

All'angolo tra la piazza Trieste e Trento e la via San Carlo si erge una delle opere più grandiose e fortunate fatte realizzare a Napoli dal re Carlo di Borbone nel corso del suo regno. Il Teatro San Carlo, secondo in Italia soltanto al Teatro alla Scala di Milano (costruito solo quarant'anni più tardi e al quale lo accomuna il vanto di possedere una tra le prime scuole di ballo italiane), è anche uno dei templi della lirica più celebri e importanti del mondo. L'edificio che lo ospita fu costruito in tempi brevissimi (soltanto otto mesi) nel 1737 su progetto dell'architetto siciliano Giovanni Antonio Medrano e subito inaugurato il 4 novembre dello stesso anno in occasione dell'onomastico del re con la rappresentazione di un'opera del Metastasio. Successivamente modificato e ulteriormente abbellito (l'atrio e la loggia della facciata risalgono al primo decennio del XIX secolo), ebbe la sala completamente distrutta da un incendio nel febbraio del 1816. L'opera di ripristino, come già era stato per l'edificazione originaria, fu rapidissima, se già nell'estate dello stesso anno il fiorentino Antonio Niccolini, cui era stata affidata la ricostruzione, poteva riconsegnare alla città il suo teatro più famoso. Altri restauri e ammodernamenti si susseguirono fino all'inizio del XX secolo, quando la copertura dell'edificio venne sopraelevata e l'ampio palcoscenico (con una superficie di circa 33 x 34 metri) e l'arredamento

ricevettero una nuova veste. All'interno, la sala, in grado di contenere fino a tremila spettatori, stupisce per le ricchissime ornamentazioni dorate, che fecero dire a Stendhal, "La prima impressione è quella di essere capitati nel palazzo di un imperatore orientale. [...]" e che tuttavia non intaccano la sobria eleganza dell'insieme, dominato dal maestoso palco reale cui fanno da corona altri 184 palchi ripartiti su sei livelli impreziositi da balaustre con elaborati motivi decorativi. La volta è abbellita da un affresco di soggetto mitologico raffigurante Minerva e i più grandi poeti greci, latini e italiani: di soggetto mitologico (Omero e le Muse con aedi e musicisti) è anche la scena ottocentesca che compare sul sipario. Famosa in tutto il mondo per l'acustica perfetta, la sala del San Carlo di Napoli ha ospitato le prime di numerose opere celebri, tra cui la Sonnambula di Vincenzo Bellini.

1) Teatro San Carlo
2) Teatro San Carlo: interno

Secondo Itinerario

Piazza Plebiscito e quartiere Pizzofalcone

Dalla piazza Trieste e Trento si prosegue fiancheggiando il lato di Palazzo Reale che affaccia sull'area fino a raggiungere la vicina piazza Plebiscito. Grandioso, il vasto spiazzo rettangolare ai piedi del monte Echia (fin dal XIII secolo noto come Pizzofalcone) è cinto sul lato occidentale dallo splendido portico semiellittico iniziato nel 1809 su richiesta del viceré Gioachino Murat da Leopoldo Laperuta. Il colonnato di ordine dorico inquadra scenograficamente al centro la solenne facciata principale della quasi coeva basilica di San Francesco di Paola (v. oltre), di fronte alla quale sono le due statue equestri di Ferdinando I (committente della chiesa) e di Carlo III di Borbone, realizzate rispettivamente dagli scultori Antonio Calì e dal più celebre Antonio Canova. Al napoletano Laperuta si devono anche le forme del Palazzo della Prefettura (1815), all'estremità del lato settentrionale della piazza. Sul lato meridionale, all'angolo con via Cesario Console, sorge invece Palazzo Salerno, eretto alla fine del XVIII secolo. Il lato opposto al porticato è interamente occupato dalla mole imponente del Palazzo Reale (v. oltre), con l'originaria facciata seicentesca estesa su una lunghezza di 170 metri.

Alle spalle della piazza, verso occidente, si apre il caratteristico quartiere di Pizzofalcone, così detto dal nome dell'altura su cui si è sviluppato, quanto rimane dell'antico cratere vulcanico del monte Echia. Il poggio, celebre in epoca latina per la splendida villa di Lucullo che vi sorgeva, fu dapprima trasformato in borgo fortificato verso la metà del I secolo d.C., poi divenne sede di cenobi, strutture monastiche e chiese e nel XIV secolo tornò ad assumere un aspetto difensivo e militaresco per opera di Alfonso I d'Aragona, che vi fece erigere un fortilizio. Lo sviluppo urbano del quartiere ebbe luogo sostanzialmente tra il XVI e il XVIII secolo, quando vi sorsero in gran numero abitazioni e sontuosi palazzi residenziali. Tra il 1927 e il 1930 sotto l'altura fu ricavata la Galleria della Vittoria, imponente opera ingegneristica di oltre seicento metri di lunghezza che collega la parte orientale della città con quella occidentale.

Da piazza del Plebiscito, svoltando a destra all'altezza del Palazzo Salerno, una rampa conduce alla piazzetta Salazar, dove l'Istituto d'Arte (1878) ospita un piccolo museo che espone un'interessante collezione di arte applicata con preziosi manufatti di varia epoca, dagli splendidi tessuti orientali del V secolo ai raffinati prodotti settecenteschi della manifattura di Capodimonte. Da qui, imboccando a sinistra la via Solitaria, poi a destra la via Egiziaca a Pizzofalcone (lungo la quale sorgono la seicentesca chiesa di Santa Maria Egiziaca a Pizzofalcone, con pregevole decorazione interna in marmi, e il cinquecentesco Palazzo Carafa di San Severino) e quindi la via Nunziatella, si raggiunge in via Parisi l'edificio della Nunziatella, risalente al 1588, con annessa chiesa del XVIII secolo che custodisce all'interno preziose opere pittoriche e scultoree. Ripercorrendo la via Parisi e svoltando a destra si entra nell'elegante via Monte di Dio, lungo la quale affacciano alcuni dei più bei palazzi signorili del XVIII secolo, tra cui, particolarmente notevole per l'ornamentazione e gli arredi originali dell'interno, Palazzo Serra di Cassano, progettato dall'architetto napoletano Ferdinando Sanfelice. In fondo alla via, sulla sinistra, nell'omonima piazza sorge la chiesa di S. Maria degli Angeli a Pizzofalcone, con la bellissima fronte barocca dominata dalla maestosa cupola. Costruita all'inizio del XVII secolo dal toscano Francesco Grimaldi, conserva nell'interno a tre navate fiancheggiate da cappelle laterali interessanti dipinti di Luca Giordano (Sacra Famiglia e San Giordano) e la grandiosa decorazione della cupola raffigurante il Paradiso.

Dalla piazza Santa Maria degli Angeli, seguendo la via Gennaro Serra si raggiunge piazza Carolina, proprio alle spalle del Palazzo della Prefettura, e da qui si ritorna nella piazza Plebiscito.

SECONDO ITINERARIO

Piazza Plebiscito: Monumento equestre

Palazzo Reale

Costruito come residenza del viceré Fernandez Ruiz de Castro conte di Lemos su progetto del ticinese Domenico Fontana tra il 1600 e il 1602, il palazzo occupa con la sua imponente mole un'ampia area posta tra via San Carlo, via Parco del Castello, via Ammiraglio Acton e piazza del Plebiscito, su cui affaccia la maestosa fronte principale. L'edificio subì ampliamenti e trasformazioni a metà del XVIII secolo e poi ancora, soprattutto per quanto riguarda gli interni, all'inizio del secolo successivo. Nel 1837 venne parzialmente danneggiato da un incendio e fu sottoposto a restauro, con notevoli mutamenti in particolare nella fronte meridionale, per ordine di Ferdinando II, che affidò l'opera all'architetto Gaetano Genovese. Nuovi interventi di restauro furono poi necessari per sanare gli ulteriori e più gravi danni inferti al palazzo dai bombardamenti della seconda guerra mondiale.

La facciata principale, suddivisa in due livelli sovrastanti il portico al piano terreno, è, insieme al cortile d'onore interno, l'unico elemento sussistente dell'originaria costruzione seicentesca. Il portico fu tuttavia parzialmente modificato a metà del XVIII secolo da Luigi Vanvitelli, il quale trasformò alcune delle arcate in nicchie facendole chiudere e conferendo al porticato l'attuale andamento alternato di pieni e vuoti. Le otto nicchie così ricavate rimasero spoglie fino al 1888, quando Umberto I decise di farvi collocare altrettante statue realizzate da scultori dell'epoca e raffiguranti i più grandi tra i regnanti di Napoli: da sinistra compaiono, in ordine spaziale e cronologico, Ruggero il Normanno, Federico II di Svevia, Carlo I d'Angiò, Alfonso I d'Aragona, Carlo V, Carlo III di Borbone, il viceré Gioachino Murat e Vittorio Emanuele II di Savoia.
Dall'ingresso principale su piazza del Plebiscito si entra nell'ampio cortile d'onore a pianta quadrata, disegnato nel XVII secolo da Domenico

SECONDO ITINERARIO

1) Palazzo Reale: Sala del Gran Capitano - Affresco di A. Vaccaro

2) Palazzo Reale: La facciata

1 Fontana e abbellito dal portico e dalla sovrastante loggia. Nell'atrio si trova la celebre porta bronzea, originariamente collocata nella arcata inferiore dell'Arco di Trionfo di Castel Nuovo. L'opera (1462-1468) fu commissionata a Guglielmo Monaco da Parigi da Ferdinando I per celebrare la propria vittoria su Giovanni d'Angiò e sui baroni ribelli: gli episodi salienti dell'evento sono raffigurati sui sei bellissimi pannelli scolpiti in bassorilievo che ornano la porta.

Il monumentale scalone d'onore, realizzato a metà del XVII secolo ma alterato e impreziosito con nuove e ricchissime decorazioni in marmi policromi durante i restauri condotti dal Genovese tra il 1838 e il 1842, parte dall'atrio e raggiunge il primo piano, dove si trova l'Appartamento storico. Qui risiedettero fino all'indomani dell'incendio del 1837, quando si trasferirono al piano superiore, i viceré e poi i re della dinastia Borbonica.

Dopo avere visitato il Teatro di Corte (1768), ampiamente restaurato a metà del XX secolo in seguito ai gravissimi danni causati dalle bombe della seconda guerra mondiale (la decorazione della sala, irrimediabilmente danneggiata dai bombardamenti, è frutto dei rifacimenti di vari artisti novecenteschi), si entra nel Museo, ospitato nelle grandiose sale riccamente decorate e arredate con mobilio, dipinti e oggetti d'epoca in qualche caso fatti trasportare qui dalle Tuileries di Parigi per volontà

1) L'ingresso del Palazzo Reale

2) Palazzo Reale: particolare della scala

di Gioachino Murat e Carolina Bonaparte. Nelle varie sale (salone centrale con il balcone da cui si affacciavano i reali, sala del Trono, degli Ambasciatori, oratorio di Maria Cristina, prima moglie di Ferdinando II, eccetera) si susseguono opere di straordinario valore artistico e storico, dai mobili in stile barocco, neoclassico e Impero ai sontuosi specchi e lampadari d'epoca, dai preziosi arazzi Gobelins raffiguranti i Quattro elementi agli altri quattro di uguale soggetto realizzati a Napoli nel XVIII secolo, dai raffinatissimi vasi di porcellana cinese a quelli non meno preziosi di porcellana di Sèvres e Limoges, dai bronzi dorati forgiati in varie forme (straordinaria la gabbietta con inserti di porcellana francese) agli orologi e alle consoles, dai grandiosi affreschi su volte e pareti ai ritratti, alle nature morte e ai dipinti di celebri artisti tra cui compaiono alcuni dei nomi più alti della pittura cinquecentesca (un nome per tutti, Tiziano con un Ritratto di Pier Luigi Farnese) e seicentesca (Guido Reni con un Giovanni Battista, Giuseppe Ribera con una splendida Madonna col Bambino e San Bruno, Guercino con l'Estasi di San Giuseppe, Mattia Preti con il Ritorno del figliol prodigo).

Il Palazzo Reale ospita anche la sede della ricchissima Biblioteca Nazionale di Napoli, aperta alla pubblica consultazione già nel 1804. Costituitasi intorno al nucleo originario (la raccolta dei Farnese trasferita a Napoli da Carlo di Borbone in occasione della sua ascesa al trono), andò via via ampliandosi grazie all'acquisizione di altri rilevantissimi fondi, tra i quali l'Officina dei papiri ercolanensi, composta dai circa duemila papiri rinvenuti nell'omonima villa a Ercolano durante gli scavi del 1752. Nel suo preziosissimo patrimonio figurano manoscritti (dal III secolo), Evangeliari (dal V al IX secolo), codici miniati quattro e cinquecenteschi, incunaboli del XV secolo, edizioni antiche, lettere e documenti rari.

SECONDO ITINERARIO

Palazzo Reale: Sala del Trono

SECONDO ITINERARIO

San Francesco di Paola

Proprio di fronte al Palazzo Reale, sull'altro lato dell'ampia area di piazza del Plebiscito prospetta la maestosa basilica di San Francesco di Paola, coronata dal grandioso portico semicircolare sorretto da colonne doriche fatto costruire all'inizio del XIX secolo da Gioachino Murat. La chiesa (iniziata nel 1817 e portata poi a termine solo nel 1846) fu invece voluta da Ferdinando I di Borbone che, come indica l'iscrizione sulla fronte, la fece erigere come ringraziamento al santo per il riottenimento del regno, sancito il 20 maggio 1815 con il trattato di Catalanza. Per una curiosa combinazione, o forse per un disegno accuratamente studiato, si ritrovano così felicemente riunite nell'architettura di questo splendido insieme le volontà di due uomini che nella realtà storica furono invece strenuamente opposti l'uno all'altro. L'artefice dell'opera, il ticinese Pietro Bianchi, si ispirò ampiamente al Pantheon romano per l'architettura della basilica, coperta dalla grande cupola eretta sull'imponente tamburo e preceduta da un elegante pronao poggiante

1

su sei colonne centrali e due pilastri laterali di ordine ionico sormontato da un timpano triangolare su cui spiccano la statua della Religione al centro e di San Ferdinando di Castiglia e San Francesco di Paola ai lati. Attraversato l'atrio d'ingresso, ai cui lati si aprono due cappelle, si accede alla splendida rotonda interna, circondata da un colonnato con 34 colonne marmoree di ordine corinzio e altrettanti pilastri collocati all'esterno delle prime. L'ampio spazio (con un diametro di ben 34 metri) è scenograficamente sormontato dalla cupola, che si innalza al vertice a un'altezza di 53 metri dal suolo. L'altare maggiore, posto di fronte all'entrata, fu realizzato dal napoletano Fra' Anselmo Cangiano

SECONDO ITINERARIO

1) Chiesa di San Francesco di Paola vista dal Palazzo Reale
2) Piazza Plebiscito e Chiesa di San Francesco di Paola

con la sua preziosa decorazione in pietre preziose e pietre dure a metà del XVII secolo per la chiesa dei Santi Apostoli, da dove venne poi trasportato qui. Le pareti interne della basilica sono impreziosite da otto statue eseguite da vari artisti ottocenteschi, tra le quali spiccano per la pregevole fattura quelle dei quattro Evangelisti e il gruppo raffigurante San Francesco di Paola che riceve l'insegna della carità dalle mani di un angelo. Notevole, nell'abside, il dipinto del romano Vincenzo Camuccini con San Francesco di Paola che resuscita un morto.

Terzo Itinerario

Da Santa Lucia a Mare a Borgo Marinaro

Da piazza del Plebiscito, svoltando a destra dopo palazzo Salerno si imbocca via Cesario Console che scende in direzione del mare e incrocia dopo un breve tratto via Santa Lucia. L'arteria, anticamente affiancata dalle modeste abitazioni dei pescatori, fu rimodernata a ampliata già nel XVII secolo per divenire poi una delle vie più frequentate e piacevoli di Napoli. Percorrendola, sulla sinistra si incontra quasi subito la piccola chiesa di S. Lucia a Mare, il cui nome sarebbe da ricollegare al fatto che all'epoca della sua costruzione (quasi sicuramente databile a poco prima del IX secolo nonostante la tradizione popolare che la vuole fondata addirittura durante l'impero di Costantino) sorgeva in riva al mare. L'edificio originario fu sostituito da una nuova cappella alla fine del XVI secolo, e si trattò solo dell'inizio di una sfortunata serie di ricostruzioni per la chiesa. A metà del XIX secolo, infatti, la chiesa cinquecentesca fu a sua volta rimpiazzata da una nuova costruzione, che cedette il posto all'edificio attuale dopo essere stata distrutta in un bombardamento

1

durante la seconda guerra mondiale. Se l'architettura esterna non ha conservato caratteri storici, l'interno custodisce invece preziose testimonianze di arte antica. Di particolare rilievo è un dipinto di scuola napoletana sagomato ad arco raffigurante un Rosario e risalente all'epoca della seconda chiesa (seconda metà del XVI secolo). Settecentesca è invece la commovente statua lignea di Santa Lucia, anch'essa di scuola napoletana.

Ripercorrendo all'indietro il breve tratto di via Santa Lucia e imboccando nuovamente, a destra, la via Cesario Console, si prosegue fino al mare dove, nei pressi dell'incrocio con la parallela via Ammiraglio Acton, abbellita dal verde dei giardini pubblici, si erge una statua dell'imperatore Augusto (1936). Da qui, svoltando nuovamente a destra si entra nel lungomare di via Nazario Sauro: lungo il percorso, reso piacevolissimo dalle spettacolari vedute sulla città e sul mare aperto, si incontra un monumento a Umberto I realizzato dallo scultore napoletano Achille D'Orsi nel 1910. La via si conclude con la fontana dell'Immacolatella, collocata in uno dei punti più panoramici della città; risalente all'inizio del XVII secolo, il monumento marmoreo è composto da tre archi

1) Fontana dell'Immacolata
2) Borgo Marinaro

(quello centrale più alto dei laterali) pesantemente ornati da statue, cariatidi e altri elementi decorativi.

Oltre la fontana ha inizio la via Partenope, che incrocia quasi subito a sinistra il molo di Borgo Marinaro. Affacciato sul piccolo porto di Santa Lucia, il borgo, che sorge su un'emergenza rocciosa, è uno dei luoghi più caratteristici della Napoli tradizionale, ancora legato a ritmi e costumi di vita popolari che ormai difficilmente si riesce a incontrare in altre parti della città. L'allegro fascino di Borgo Marinaro contrasta vivacemente con la mole fredda e imponente di uno dei principali fortilizi partenopei, Castel dell'Ovo, maniero dal nome leggendario, testimone ed erede di secoli di storia napoletana.

Borgo Marinaro si può raggiungere dalla chiesa di Santa Lucia anche scendendo lungo l'omonima via che, prima di sboccare nella via Partenope, incrocia via Chiatamone. Anticamente questa strada era disseminata di grotte, occupate già in epoca preistorica, che nel XVI secolo furono chiuse per ordine del viceré Pedro di Toledo.

Castel dell'Ovo

Il massiccio fortilizio che si erge sull'isolotto del Borgo Marinaro deve probabilmente il nome alla sua pianta di forma ovoidale; esiste però a Napoli una suggestiva leggenda, forse trecentesca, che ne lega l'origine a Virgilio, il grande poeta latino che nei cosiddetti secoli bui una credenza voleva essere anche un mago, il quale avrebbe vincolato le sorti del castello alla fragilità di un uovo da lui stesso rinchiuso in una caraffa: se l'uovo si fosse rotto, il castello sarebbe crollato. Per la verità l'edificio, il cui nucleo originario sorse nel 1128 sul sito precedentemente occupato da un insediamento monastico (di cui sono venute alla luce numerose testimonainze nel corso dei lavori di restauro) si dimostrò invece assai solido e robusto almeno fino alla fine del XV secolo, quando la fortuna sembrò veramente voltargli le spalle. Il castello, testimone di tanti splendori, intrighi e dolori (tra gli altri vi furono rinchiusi Corradino di Svevia e i due giovani figli di Manfredi fino alla morte, nonché la regina Giovanna I), fu infatti prima bombardato da Carlo VIII, poi distrutto dallo scoppio di un ordigno. Ricostruito quasi completamente alla fine del XVII secolo, nel 1733 fu nuovamente bombardato, questa volta dalle truppe di Carlo di Borbone. La visita dell'edificio permette di identificare i vari rifacimenti e ampliamenti succedutisi nel corso dei secoli, da quelli più antichi voluti da Federico II (aggiunta delle torri) a quelli ottocenteschi. Accanto agli elementi architettonici tipici delle costruzioni fortificate, all'interno del castello rimangono numerose vestigia legate alla vita monastica che per secoli si svolse sull'area: suggestivi sono i resti della chiesa di San Salvatore (VII secolo), le celle conventuali scavate nella roccia e l'ampia sala delle colonne, con archi sorretti da colonne in marmo di epoca romana, che ospitava probabilmente il refettorio del convento.

1) Castel dell'Ovo
2) Piazza Vittoria

TERZO ITINERARIO

Via Caracciolo

Lasciato Castel dell'Ovo e l'isolotto del Borgo Marinaro, si prosegue svoltando a sinistra in via Partenope e seguendola fino alla suggestiva piazza della Vittoria, che offre splendide vedute sulla città e la collina della Certosa. Dietro le aiuole che la abbelliscono, all'angolo con la via Gaetani si può visitare la seicentesca chiesa di Santa Maria della Vittoria, inglobata in un palazzo ed eretta in ringraziamento alla Vergine per la vittoria nella battaglia di Lepanto del 1571. Il panoramico proseguimento di via Partenope, via Caracciolo, è dominato per quasi metà del suo percorso dalla Villa Comunale e dal suo grandioso parco ombreggiato da palme, eucalipti e altre piante d'alto fusto. La tenuta fu aperta al pubblico verso la fine del XVIII secolo per volontà di Ferdinando IV, che affidò le opere di trasformazione dell'area in giardino all'architetto Carlo Vanvitelli, figlio del più celebre Luigi. Dall'inizio del XIX secolo e fino al XX il parco fu ulteriormente ingrandito e abbellito fino a raggiungere l'aspetto attuale. Il grande viale immerso nella rigogliosa vegetazione è disseminato di statue, monumenti (pregevole è quello eretto nel 1936 in onore di Armando Diaz) e fontane di varia epoca (tra cui quella con vasca proveniente dagli scavi di Paestum) e ospita inoltre alcuni edifici ottocenteschi quali il chiosco della musica, il palazzetto del Circolo della Stampa e un piccolo tempio ionico. La Villa vera e propria, al centro del parco, è sede di un'importante istituzione napoletana fondata nel 1872 dal naturalista tedesco Antonio Dohrn, la Stazione Zoologica, dedicata allo studio della fauna e della flora marine.

L'Acquario

Internazionalmente rinomata, la Stazione Zoologica comprende anche l'acquario più antico d'Europa, un vasto complesso dotato di laboratori avanzatissimi per lo studio della zoologia e della botanica marine, di una ricca biblioteca specializzata e soprattutto di ventinove vasche

2

dove, in ambienti appositamente concepiti per garantirne la sopravvivenza e lo sviluppo, vivono all'incirca duecento specie marine animali e vegetali tutte endemiche del golfo di Napoli. Accanto ai molluschi (stelle e ricci di mare, calamari, pettini e datteri), agli anemoni di mare, alle alghe e alle spugne, a coralli, meduse, torpedini, crostacei (aragoste rosse, cicale di mare, granchi, paguri), polpi, seppie e perfino testuggini di mare nuota una miriade di pesci delle specie più varie: orate, saraghi, cernie, dentici, pesci balestra, sogliole e cefali, ma anche pesci volanti come la rondine di mare e addirittura squali come il pesce palombo e il gattuccio. Senza dimenticare le numerose varietà vegetali che, a partire dalle alghe, ricreano l'habitat naturale indispensabile per la vita sottomarina. All'uscita del parco si raggiunge piazza della Repubblica, ornata al centro da un monumento moderno dedicato alle Quattro giornate di Napoli, e da qui, svoltando a destra, si imbocca l'elegante Riviera di Chiaia.

Villa Pignatelli

La fastosa residenza è il monumento di maggior spicco che affaccia la fronte principale sulla Riviera di Chiaia. Eretta in forme neoclassiche dal napoletano Pietro Valente nella prima metà del XIX secolo, fu acquistata dai principi d'Aragona Pignatelli Cortes verso la fine del secolo diventando uno dei principali salotti artistici e letterari della città. Oggi di proprietà dello Stato, ospita il Museo Principe di Aragona Pignatelli Cortes. Nei vari ambienti (particolarmente belli la sala Azzurra, il salottino della Musica e l'atrio a veranda), l'arredamento in stile originale (con preziosi esemplari del XIX secolo, specchiere e raffinato mobilio) fa da sfondo a pregevoli dipinti sette e ottocenteschi (numerosi ritratti), splendide porcellane delle principali manifatture europee, sculture, vasi cinesi e lussuosi arredi che testimoniano la ricchezza e il gusto dei proprietari ottocenteschi. Nello splendido giardino, dove crescono numerose specie esotiche, un edificio accoglie l'esposizione del Museo delle Carrozze, che illustra la produzione italiana, inglese e francese con interessanti esemplari d'epoca.

Riviera di Chiaia

Vi si affacciano, oltre alla Villa Pignatelli e alla Villa Comunale, eleganti palazzi costruiti nel XVIII e XIX secolo. Nei pressi di piazza della Repubblica è interessante la chiesa di San Giuseppe a Chiaia (XVII secolo), con interno decorato da pregevoli dipinti. Poco oltre, la via Santa Maria al Portico (a sinistra) conduce alla chiesa omonima, anch'essa seicentesca, con preziosi affreschi di Luca Giordano.

TERZO ITINERARIO

Villa Pignatelli

Piazza della Repubblica

TERZO ITINERARIO

Piazza Sannazzaro

Mergellina

Da piazza della Repubblica inizia via Mergellina che, dopo essersi aperta nella piazza dedicata al poeta Iacopo Sannazzaro (1458-1530), raggiunge il mare in corrispondenza dell'insenatura di Mergellina, ai piedi della collina di Posillipo. Con il piccolo porto Sannazzaro, frequentatissimo dai pescatori e dai turisti, e la stazione della funicolare per Posillipo, è una delle località più belle e caratteristiche di Napoli. Vi sorge la piccola chiesa di Santa Maria del Parto, fatta costruire dal Sannazzaro. Dell'umanista l'edificio custodisce all'interno il monumento funebre, realizzato nel 1537 e adorno di sculture e bassorilievi. Insolito, nella decorazione pittorica della chiesa, l'accostamento tra soggetti sacri e pagani, bene illustrato dalla composizione con Abramo e Angeli accanto a Venere e Mercurio e alla raffigurazione dell'Astronomia con le Arti del Trivio (filosofia, grammatica e retorica).

Posillipo

Celebrato per le sue meravigliose bellezze naturali, Posillipo è posto a metà tra il golfo di Napoli e quello di Pozzuoli. È percorso dalla via Posillipo, con splendide ville immerse in lussureggianti giardini, monumenti (tra cui la seicentesca fontana di Nettuno e l'ara votiva ai Caduti per la Patria, iniziata alla fine del XIX secolo), ma soprattutto indimenticabili vedute sulla città e sul golfo (specialmente dal capo Posillipo). Al termine di via Posillipo, in corrispondenza del cosiddetto quadrivio del Capo, seguendo la piccola via Marechiaro si può scendere all'omonimo borgo, in posizione invidiabile, che conserva ancora intatto il fascino pittoresco dei villaggi di pescatori. Per ammirare il panorama in assoluto più spettacolare, dal quadrivio si può raggiungere il parco di Posillipo, affacciato sui due golfi all'estremità di un promontorio. Nei dintorni rimangono le interessanti vestigia della Villa Pausilypon (letteralmente "che placa il dolore"), di epoca romana.

TERZO ITINERARIO

Panorama e Via Caracciolo

Nisida

A ragione chiamata Nesis (piccola isola) dagli antichi greci, l'isola, di forma pressoché circolare e con un perimetro di soli due chilometri circa, è in realtà un cratere vulcanico. Si raggiunge facilmente attraversando il ponte che la collega alla terraferma a Coroglio, nelle vicinanze del parco di Posillipo. Coltivata in parte a vigneti, conserva una grande costruzione risalente al periodo angioino che fu utilizzata dai Borboni per imprigionare i prigionieri politici.

La "Fenestrella" a Marechiaro

TERZO ITINERARIO

Fuorigrotta

Il quartiere sorge all'imbocco della Galleria IV Giornate, scavata nel 1940 per una lunghezza di un chilometro circa sotto la collina di Posillipo, che sbocca all'altra estremità nelle vicinanze della cosiddetta Tomba di Virgilio (in realtà un colombario di epoca augustea).
Sviluppatasi tra il 1950 e il 1970, l'area, densamente popolata e fitta di moderni caseggiati, è percorsa da grandi arterie stradali che la pianificazione urbana dell'epoca, per evitare che il nuovo quartiere assumesse l'aspetto della classica "colata di cemento", ha cercato in qualche maniera di integrare all'ambiente circostante e di "mimetizzare" inframezzandole di aiuole e piante.
Centro di attrazione del quartiere è senza dubbio lo stadio S. Paolo, grande impianto sportivo inaugurato nel dicembre del 1959 che in occasione degli incontri calcistici attira migliaia di spettatori. Ma, al di là dell'arena sportiva, Fuorigrotta comprende anche un centro rilevante come la Mostra d'Oltremare, vero e proprio quartiere nel quartiere.
La vasta area (che si sviluppa oggi su una superficie di oltre 600.000

Politecnico

TERZO ITINERARIO

1) Ippodromo di Agnano
2) Stadio San Paolo

m^2) fu originariamente creata nel 1939-1940 per illustrare i successi ottenuti dall'Italia fascista nelle colonie d'Africa; all'inizio degli anni Cinquanta, all'indomani della fine della seconda guerra mondiale, durante la quale subì danni ingentissimi, fu poi appositamente ricostruita per ospitare manifestazioni fieristiche, saloni specializzati e attività sportive e artistiche: accanto agli oltre venti padiglioni espositivi figurano infatti teatri, una piscina olimpionica, campi da tennis, serre botaniche e un vasto campo giochi polivalente.

Quarto Itinerario

Via Toledo

La via, che inizia da piazza Trieste e Trento, deve il nome al viceré Pedro di Toledo marchese di Villafranca, il quale ne ordinò la realizzazione nel 1536 con lo scopo di creare un nuovo insediamento nobiliare sull'area: il progetto fu coronato da un ampio successo, e intorno agli eleganti palazzi che vi furono ben presto costruiti sorsero in seguito anche quartieri di carattere popolare, la cui più fedele testimonianza rimangono i cosiddetti quartieri Spagnoli. Creati a metà del XVI secolo e oggi nucleo tra i più caratteristici, e per certi versi discussi, della città, questi quartieri a monte della via dove tanti aspetti tipici della "filosofia del quotidiano" partenopea sono sopravvissuti al progresso e all'urbanizzazione sono infatti riusciti a conservare la loro tipologia originale, con una fitta rete viaria densa di abitazioni. Superato l'ingresso laterale della Galleria Umberto I, a breve distanza dal signorile Palazzo Berio (eretto nel 1772 da Luigi Vanvitelli) e dalla stazione di partenza della funicolare per il Vomero, svoltando a destra nella via Santa Brigida si incontra la chiesa omonima: risalente alla metà del XVII secolo, l'edificio conserva preziosi dipinti di Luca Giordano, tra cui, nella cupola, l'Apoteosi di santa Brigida, vero e proprio capolavoro di pittura prospettica. Più avanti sulla via Toledo, riconoscibile per la maestosa facciata marmorea, sorge sulla destra l'imponente Palazzo del Banco di Napoli (1939), il primo istituto di credito fondato in Italia. Sempre sul lato destro della strada, dietro ad altri sontuosi palazzi si estende il quartiere del Rione Carità, aperto intorno al 1950 sulla base di un progetto urbanistico molto discusso che richiese la demolizione di numerosi edifici antichi per far posto a una nuova area decisamente contrastante con la zona che la circonda. A sinistra dell'imbocco di via Diaz, dove, all'angolo, sorge il Palazzo della Banca Nazionale del Lavoro, si trova la chiesa di Santa Maria delle Grazie, di origine seicentesca ma rifatta nel XIX secolo: una breve deviazio-

1

1-2) Chiesa di Sant'Anna dei Lombardi: Crocifisso Ligneo ('900 Napoletano), Navata e Organo

ne su questo lato conduce alle interessanti chiese di Montecalvario (XVI secolo, con uno splendido pavimento maiolicato aggiunto in occasione dei restauri ottocenteschi) e di Santa Maria della Concezione (XVIII secolo). Tornati su via Toledo e superata la piazza della Carità con l'omonima chiesetta (rifatta all'inizio del XX secolo ma di origini cinquecentesche), si raggiunge un'altra chiesa, S. Nicola, che custodiosce all'interno un piccolo tesoro di pittura napoletana seicentesca in cui spiccano belle opere di Francesco Solimena. Da qui, svoltando a destra nella via Caravita si giunge alla piazza Monteoliveto, dove sorge uno dei monumenti più celebri di questa zona e dell'intera città, la chiesa di Sant'Anna dei Lombardi. Quasi all'estremità di via Toledo, sulla destra, Palazzo Maddaloni (1582) conserva sulla facciata un magnifico portale del XVII secolo e nelle sontuose sale pregevoli affreschi dal pittore napoletano Fedele Fischetti (XVIII secolo). Proprio all'altezza di questo signorile palazzo, via Toledo incrocia un tratto di "Spaccanapoli" (a sinistra la via Scura, a destra la via Capitelli), la lunga e animatissima arteria rettilinea che "spacca" simbolicamente la città in due parti attraversandola da est a ovest.

Chiesa di Sant'Anna dei Lombardi

Conosciuta anche con il nome di chiesa di Monteoliveto, fu iniziata nel 1411, ma venne poi profondamente modificata nel XVII secolo e restaurata dopo la seconda guerra mondiale in seguito ai gravi danni causati dai bombardamenti. Il suo nome ricorda che a metà del XIX secolo fu ceduta insieme all'annesso monastero alla confraternita di Sant'Anna dei Lombardi, rimasta priva della propria chiesa distrutta da un terremoto. Il convento degli Olivetani (di fondazione coeva) godette a lungo dei favori degli

Monumento sepolcrale di Antonio Orefice

Madonna col Bambino e Sangiovannino

Aragonesi, i quali contrbuirono notevolmente al suo abbellimento (la decorazione di un ambiente fu affidata a Giorgio Vasari, che eseguì, come anche nella chiesa, pregevoli affreschi) e al suo arricchimento, cui fecero dono tra l'altro di una preziosa biblioteca di codici. L'edificio, che originariamente comprendeva quattro chiostri ornati da giardini e fontane, fu soppresso nel 1799 e venne per un certo periodo riutilizzato come residenza privata suddivisa in più unità abitative. Oltrepassato l'atrio, che si apre su una facciata assai sobria, si accede all'interno, a un'unica navata fiancheggiata da cappelle laterali. Levando lo sguardo al di sopra dell'ingresso, fiancheggiato da due altari decorati con sculture cinquecentesche, si scoprono il grandioso organo della fine del XVII secolo e, ancora più su, il bellissimo soffitto a cassettoni. La visita delle cappelle offre una panoramica di rara bellezza e ricchezza sulla scultura rinascimentale, tanto che alcuni considerano questa chiesa un vero e proprio museo. Nella cappella Correale, la seconda a destra, si può per esempio ammirare un altare realizzato da uno dei massimi esponenti della scultura quattrocentesca, il fiorentino Benedetto da Maiano, che lo decorò con un raffinato rilievo dell'Annunciazione e con le statue di San Giovanni Battista e San Giovanni Evangelista; il monumento funebre alla parete sinistra (1489) è quello del fondatore della cappella, Marino Curiale. Nelle altre cappelle del lato destro le opere quattrocentesche si affiancano a pitture del XVI secolo eseguite dal napoletano Nicola Malinconico (affreschi nelle volte) e Francesco Solimena. Seguendo il breve corridoio dopo la quinta cappella si entra a sinistra nella cappella Orefice, ornata da preziosi marmi colorati; di fronte si apre invece l'oratorio del San Sepolcro, suddiviso in due parti, che custodisce monumenti funebri sempre del XV secolo. In fondo al secondo ambiente si trova l'opera più bella e più celebrata della chiesa, il gruppo della Pietà: opera dello scultore modenese Guido Mazzoni, al momento della loro realizzazione le otto statue di terracotta che lo compongono erano policrome, ma nel XIX secolo si procedette, forse credendo erroneamente che si trattasse di un'aggiunta posteriore, a "ripulirle" dal colore riverniciandole a bronzo. Da qui si passa nella cappella dell'Assunta, con un affresco di Giorgio Vasari raffigurante un Monaco olivetano, poi nella Sagrestia Nova (decorata all'altare da un dipinto settecentesco) e quindi, di fronte, nell'ex refettorio dell'annesso monastero dei monaci olivetani, la cosiddetta Sagrestia Vecchia: il soffitto presenta nella volta un affresco realizzato ancora da Giorgio Vasari nel 1544 raffigu-

QUARTO ITINERARIO

1) La Cupola 2) Compianto sul Gesù morto (1492)

rante Fede, Religione ed Eternità, mentre alle pareti si possono ammirare dossali di stalli decorati da raffinate tarsie eseguite quasi tutte da Fra' Giovanni da Verona all'inizio del XVI secolo. Nell'abside rettangolare, con un arco ornato da formelle realizzate nel XVII secolo, sono conservati altri sepolcri elegantemente scolpiti. Da qui, attraverso un piccolo ambiente dove è conservata una Pietà quattrocentesca, si accede alle cappelle di sinistra, inaugurate dalla cappella Tolosa; realizzata da Giuliano da Maiano, è impreziosita nei pennacchi della cupola da tondi di terracotta invetriata raffiguranti gli Evangelisti eseguiti da allievi dei lombardi Della Robbia. Particolarmente notevole è la prima cappella, accanto all'ingresso, con il bel Presepio di Antonio Rossellino da Settignano risalente agli anni Settanta del XV secolo, il monumento funebre di Maria d'Aragona, iniziato dal Rossellino ma portato a termine da Benedetto da Maiano e l'affresco con l'Annunciazione eseguito nello stile di Piero della Francesca.

Chiesa del Gesù Nuovo

Da Sant'Anna dei Lombardi (piazza Monteoliveto) si imbocca, a destra della chiesa, la calata Trinità Maggiore, che sfocia in piazza del Gesù Nuovo. Sull'area, decorata al centro dalla Guglia dell'Immacolata con la statua della Vergine in rame dorato, monumento barocco della metà del XVIII secolo, affaccia la chiesa omonima, sorta nell'ultimo ventennio del XVI secolo. La presenza della facciata in bugnato di piperno (la pietra grigia che si ritrova in tanti monumenti della città), insolita per un edificio religioso, si spiega con il fatto che la chiesa fu eretta sull'area di un precedente palazzo quattrocentesco di cui mantenne appunto la fronte principale. Il maestoso interno barocco, per la cui ornamentazione furono impiegati ben quarant'anni, mostra i segni di successivi interventi apportati tra il XVII e il XIX secolo, resi necessari per risarcire i danni provocati da un incendio e da un terremoto che causò il crollo della cupola originaria. A croce greca, con tre navate fiancheggiate da cappelle laterali, la chiesa è interamente decorata con marmi policromi e preziosi dipinti. Tra questi ultimi spiccano in particolare gli affreschi di Francesco Solimena (cui si deve anche l'Eliodoro cacciato dal Tempio sopra il portale), le opere di Luca Giordano, due dipinti del Ribera (pesantemente restaurati intorno al 1950) e la SS. Trinità e Santi, forse del Guercino (1615). Nel grandioso presbiterio, chiuso da una preziosa balaustra in alabastro e decorato nella volta e nelle pareti da begli affreschi del XVII secolo, si innalza l'altare maggiore, superbo monumento ottocentesco abbellito da marmi pregiati, decorazioni in bronzo e pietre dure.

Chiesa del Gesù e piazza omonima - In alto la guglia dell'Immacolata

QUARTO ITINERARIO

Particolare dell'interno

QUARTO ITINERARIO

Chiesa e Chiostro di Santa Chiara

Sorta per volontà di Sancia di Maiorca, la moglie di Roberto d'Angiò, nel 1310-1328, la chiesa fu eretta in stile gotico-provenzale. A metà del secolo successivo venne ampiamente modificata con pesanti interventi in stile barocco nell'interno. Il restauro seguito al devastante incendio provocato da un bombardamento che nel 1943 ne causò la quasi completa distruzione le ha restituito le forme e l'aspetto originari.

Affiancata dall'imponente campanile (che ha mantenuto l'originaria struttura trecentesca nella parte inferiore) e preceduta da un pronao a tre arcate ogivali, la facciata è ornata al centro da uno splendido portale in marmi policromi abbellito da raffinati fregi intagliati. L'interno, a navata unica rettangolare fiancheggiata da cappelle laterali, conserva

1) Chiesa di Santa Chiara: interno
2) Chiesa di Santa Chiara: chiostro in maiolica

preziose opere d'arte realizzate per lo più nel XIV-XV secolo. Le nove cappelle del lato sinistro e le altrettante del lato destro, illuminate da eleganti bifore e trifore, custodiscono i monumenti funebri di numerose famiglie della nobiltà partenopea, della quale Santa Chiara fu sempre la chiesa eletta. Tra i sepolcri più celebrati della chiesa è sicuramente quello di Maria di Valois, nel presbiterio, con la statua giacente della nobildonna e altre figure realizzate dal grande scultore senese Tino di Camaino entro il 1339. Sempre nel coro, dietro l'altare, si trova invece il gioiello più prezioso della chiesa, lo splendido monumento sepolcrale di Roberto I d'Angiò. Eseguita tra il 1343 (anno della morte del re) e il 1345 dai fiorentini Giovanni e Pacio Bertini, l'opera è incompleta a causa del crollo di una parte della struttura: quanto ne rimane (in particolare il sarcofago del re poggiante su pilastri affiancati da statue di Virtù e le raffigurazioni del sovrano e della sua famiglia)

QUARTO ITINERARIO

basta comunque a fare intuire l'altissimo valore artistico che il monumento doveva avere nella sua originaria completezza.
Dal coro si accede all'ampia area del chiostro delle Clarisse, realizzato nel XIV secolo e risistemato nel 1742 con l'aggiunta del bellissimo giardino rustico percorso da due viali e la meravigliosa decorazione in mattonelle di maiolica raffiguranti, tra l'altro, paesaggi e scene campestri e mitologiche.

San Domenico Maggiore

Preceduta dall'elaborata Guglia di San Domenico (1658-1737), la chiesa fu eretta in forme gotiche per volontà di Carlo II d'Angiò tra il 1283 e il 1324 sull'area precedentemente occupata da una chiesa romanica. A partire dal XV secolo e fino alla prima metà del XVIII subì numerosi rimaneggiamenti che ne oscurarono le linee originarie. Stesso esito ebbero i successivi restauri ottocenteschi.

L'interno, di proporzioni imponenti, è a croce latina con tre navate, le due laterali fiancheggiate da cappelle decorate con affreschi e splendidi monumenti funerari.

Notevole è, a destra, il cosiddetto Cappellone del Crocifisso, dove è custodito il duecentesco crocifisso miracoloso che parlò a san Tommaso d'Aquino (il quale visse nel vicino convento). Nella sacrestia, decorata nella volta da un grandioso affresco di Francesco Solimena,

Chiesa di San Domenico Maggiore: la facciata

sono le sepolture di numerosi principi aragonesi. La chiesa antica, sempre a destra, custodisce il più antico ritratto conosciuto di san Domenico (inizio del XIII secolo).

Cappella San Severo

Anticamente cappella funebre della famiglia Sangro, fu costruita alla fine del XVI secolo e successivamente rimaneggiata e abbellita nel XVII e XVIII secolo. In origine era collegata al Palazzo Sangro, nei pressi, mediante un cavalcavia andato distrutto nel 1889. L'interno è pregevole, oltre che per la raffinatezza dei sepolcri che custodisce, soprattutto per gli affreschi della volta, eseguiti a metà del XVIII secolo dal pittore napoletano Francesco Maria Russo. Tra le numerose opere scultoree degne di nota figura lo splendido Cristo velato di Giuseppe Sammartino (1753).

Chiesa di San Domenico Maggiore: interno

Quinto Itinerario

Piazzetta Nilo

Raggiungibile dalla Cappella Sansevero seguendo il percorso della via Nilo, il piccolo spiazzo deve il nome, come il quartiere circostante, alla presenza della statua del Nilo giacente. Risalente ai primi secoli dell'impero romano, il gruppo fu danneggiato (la figura del Nilo venne mutilata della testa) già prima del XIII secolo e poi interrato; solo nella seconda metà del XVII secolo fu restaurata con l'aggiunta della testa del Nilo e sistemata nella posizione attuale.

Sulla piazza sorge la chiesa di Sant'Angelo a Nilo (sorta nel 1358), nota anche come Cappella Brancaccio per lo splendido monumento sepolcrale (sul lato destro dell'altare maggiore) del cardinale Rinaldo Brancaccio, suo fondatore, morto nel 1423.

Alla realizzazione dell'opera, eseguita a Pisa tra il 1426 e il 1428, collaborarono alcuni tra gli artisti più noti dell'epoca: Donatello (autore tra l'altro del meraviglioso bassorilievo con l'Assunzione nella parte fronta-

QUINTO ITINERARIO

le del monumento), Michelozzo e Pagno di Lapo Portigiani. Oltre ad altri sepolcri, la cappella conserva nella sacrestia una bella tavola su fondo oro dell'inizio del XVI secolo raffigurante i Santi Michele e Andrea e preziosi armadi quattrocenteschi decorati a intarsio.

1) Chiesa di Santa Maria delle Anime del Purgatorio: particolare

2) Statua del Nilo

Via San Biagio dei Librai

Da Sant'Angelo a Nilo si prosegue poi lungo la via San Biagio dei Librai, una delle più caratteristiche e animate della città vecchia. La strada è disseminata di botteghe caratteristiche che espongono prodotti artigianali tipici e manufatti di ogni sorta spesso in un "disordine" caratteristico che le rende ancor più pittoresche. Lungo la via sorgono numerosi palazzi signorili, tra i quali spicca per l'architettura rinascimentale il Palazzo Carafa Santangelo, della metà del XV secolo. Poco lontano, sulla destra, il grandioso Palazzo del Monte di Pietà è famoso per l'attigua Cappella della Pietà, la cui sagrestia settecentesca rimane uno dei momenti più alti dell'arte settecentesca napoletana.

San Biagio dei Librai: bottega di Antiquari

San Gregorio Armeno

Svoltando a sinistra nella strada San Gregorio Armeno (celebre per le numerose botteghe artigiane di statuine di santi e di personaggi del presepe, cui spesso vengono fantasiosamente affiancati elementi desunti dalla vita quotidiana e contemporanea) si incontra l'omonima, antichissima chiesa (la sua fondazione è antecedente la metà del X secolo) con l'annesso monastero, vero gioiello dell'architettura barocca partenopea.

A destra presepi e pastori

QUINTO ITINERARIO

San Gregorio Armeno

Chiesa di San Gregorio Armeno: interno

Duomo

Eretta per volontà di Carlo II d'Angiò negli ultimi anni del XIII secolo e inaugurata nel 1315 alla presenza di Roberto d'Angiò e della moglie Sancia di Maiorca, la cattedrale, intitolata a San Gennaro, sorse sul sito della preesistente cattedrale Stefania (cosiddetta dal nome del vescovo Stefano I, che la fondò nel V secolo) attiguo alla basilica di Santa Restituita, la più antica della città (IV secolo). Le originarie forme gotiche furono in seguito restaurate e modificate più volte a partire dalla seconda metà del XV secolo e fino all'inizio del Novecento. In particolare, la facciata è il risultato di un rifacimento attuato a cavallo tra il XIX e il XX secolo sulla precedente ricostruzione quattrocentesca seguita al terremoto del 1349. Alla struttura originaria appartengono i tre portali, realizzati all'inizio del XV secolo: di questi il più notevole è quello centrale, adorno di elegantissime sculture eseguite, tra gli altri, da Tino di Camaino e da seguaci di Nicola Pisano. Il solenne interno, di proporzioni grandiose, ha pianta a croce latina spartita in tre navate da sedici pilastri inglobanti oltre cento colonne antiche in marmi pregiati su cui poggiano eleganti archi ogivali. La navata centrale, con splendidi affreschi di Luca Giordano alle pareti, è coperta da un raffinato soffitto ligneo seicentesco impreziosito da intagli e dorature, quelle laterali da volte a crociera. Sotto la seconda arcata di sinistra, il fonte battesimale è interessante soprattutto per la vasca, su cui poggia la parte superiore seicentesca in marmi e bronzi, ornata sulla superficie di basalto da curiose maschere bacchiche. Fiancheggiata dalle statue di San Paolo e San Pietro e chiusa da una cancellata bronzea, sul lato destro si apre invece la grande cappella di San Gennaro, costruita nella prima metà del XVII secolo in omaggio al santo che, invocato dalla popolazione, aveva liberato la città dalla peste nel 1527. Qui, nella parete di fondo, sono custodite le ampolle contenenti il sangue del santo che due volte all'anno, in maggio e in settembre, si liquefa rinnovando un miracolo che ha origini antichissime, risalenti addirittura secondo la tradizione all'epoca dell'imperatore Costantino. In occasione dell'evento miracoloso, ritenuto di buon auspicio per le sorti della città, centinaia di napoletani si riuniscono nel Duomo a pregare il santo. Superate le altre cappelle della navata destra si entra nel transetto, sulle cui pareti prosegue la serie di affreschi della navata centrale di Luca Giordano con figurazione di Santi. Notevole, nella terza cappella a destra, un'Assunta dipinta dal Perugino con aiuti. La Cappella Minutolo (la seconda a destra dell'abside), con splendidi pavimenti duecenteschi mosaicati a soggetto zoomorfo, pareti decorate da bellissimi affreschi del XIV, XV e XVI secolo e monumenti sepolcrali coevi, ha mantenuto praticamente inalterata, come la successiva Cappella Tocco, l'originaria struttura architettonica trecentesca. Al XVIII secolo risale invece l'abside, con volta e pareti ornate da affreschi. L'ingresso del presbiterio è fiancheggiato da due scale che conducono alla sottostante Cappella Carafa, o Succorpo (1497-1506), dove in un'urna sono custodite le spoglie di San Gennaro. Oltrepassate le pregevoli cappelle sul lato sinistro dell'abside e del transetto (in una di queste è il monumento funebre di Andrea di Ungheria, fatto uccidere dalla moglie, la regina Giovanna I) e le prime tre della navata sinistra, si incontra la Cappella Brancaccio, elegantissima opera cinquecentesca del toscano Giovanni Antonio Dosio coronata da una cupola ellittica. Segue la cappella di Santa Restituita, l'antica basilica inglobata nella cattedrale. All'interno, dove rimane parzialmente visibile l'originaria struttura gotica nonostante i rimaneggiamenti e gli stucchi aggiunti in seguito, accanto a elementi di epoca romana, sono conservate preziose opere d'arte, tra cui il meraviglioso mosaico trecentesco Madonna col Bambino tra San Gennaro e Santa Restituita di Lello da Orvieto e due lastre di marmo scolpite con Storie di santi dell'inizio del XIII secolo. All'estremità destra della cappella, il Battistero è coperto da una cupola su cui rimangono resti di mosaici risalenti all'epoca della sua fondazione (V secolo).

QUINTO ITINERARIO

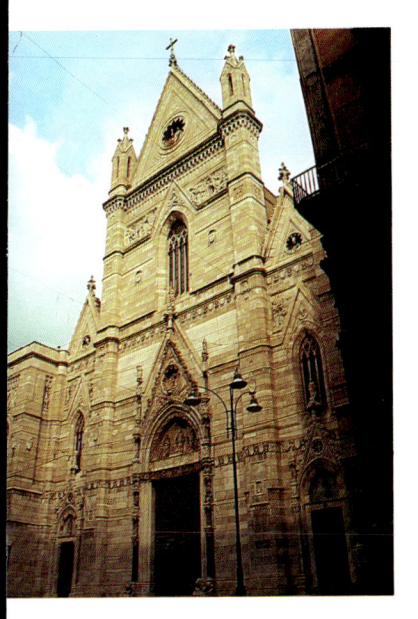

Il Duomo

La guglia barocca di San Gennaro; sullo sfondo la Cattedrale

L'Arcivescovo di Napoli mostra il sangue di San Gennaro

Sesto Itinerario

Piazza Bellini e le antiche mura greche

Incorniciato da una piccola area verde, vi sorge il monumento a Vincenzo Bellini, eretto nel 1886 dallo scultore campano Alfonso Balzico: il piedistallo è ornato dalle figure (entro nicchie) delle principali protagoniste delle opere del grande compositore: la Sonnambula, Norma, Giulietta ed Elvira. Nei pressi sono visibili pochi resti pertinenti al tracciato dell'antica cinta muraria greca: i grossi blocchi di tufo, originariamente impilati in file di uguale altezza e spessore secondo la tipologia della struttura detta isodoma, risalgono al IV secolo a.C., quando al primitivo insediamento di Paleopolis (o Partenope) si affiancò il nuovo agglomerato detto appunto Neapolis.

A Vincenzo Bellini è intitolato anche il vicino teatro omonimo, costruito dall'architetto napoletano Carlo Sorgente nella seconda metà del XIX secolo. Dalla piazza Bellini si può proseguire lungo l'animatissima via Port'Alba, lungo la quale si affacciano le vetrine di numerose librerie,

SESTO ITINERARIO

alcune delle quali antiquarie, tra le più rinomate di Napoli: la libreria "Guida", una delle più interessanti, è bene culturale dello Stato. La via si conclude con l'arco della Port'Alba, sorta nel 1625 ma rifatta alla fine del XVIII secolo: la porta, sormontata dalla statua di San Gaetano, sorge in corrispondenza dell'estremità sinistra del grandioso emiciclo realizzato da Luigi Vanvitelli tra il 1757 e il 1765 presso la piazza Dante. L'opera, di ordine dorico-romano e ornata da statue raffiguranti Virtù, fu eretta in onore di Carlo III.

Piazza Bellini e mura greche

SESTO ITINERARIO

S. Pietro a Maiella

La chiesa, di origini due-trecentesche, fu ampliata e sostanzialmente rimaneggiata tra la fine del XV e l'inizio del XVI secolo con un notevole avanzamento della facciata rispetto al campanile cuspidato; ulteriori modifiche alla sua sobria architettura furono apportate anche in seguito fino alla prima metà del XIX secolo; un successivo restauro le ha restituito le forme originarie. Delle tre navate dell'interno, quella centrale è coperta da uno splendido soffitto (che prosegue anche nel transetto) abbellito da preziose tele seicentesche raffiguranti episodi delle vite di San Celestino e Santa Caterina d'Alessandria: tra queste, la più notevole è sicuramente quella eseguita nel 1656-1661 da Mattia Preti con la vita dei due santi. Belle tele eseguite nel XVII e XVIII secolo ornano anche le cappelle delle navate laterali, mentre le pareti del transetto e delle cappelle absidali recano preziose testimonianze della decorazione originaria: un Crocifisso ligneo trecentesco, affreschi coevi con Storie di San Martino e Storie della Maddalena, un elegante pavimento maiolicato del XV secolo e una cinquecentesca Deposizione di Giovanni da Nola.

Croce di Lucca

A fianco della chiesa di San Pietro a Maiella si apre la raccolta piazza Luigi Miraglia, su cui prospetta la chiesa della Croce di Lucca. Eretta nella prima metà del XVII secolo, la costruzione faceva parte del convento omonimo sulla cui area sorge oggi l'edificio del Politecnico Universitario. L'interno è notevole soprattutto per il bel soffitto seicentesco a cassettoni e per l'ornamentazione in marmi colorati. L'Annunciazione custodita nella seconda cappella destra si deve a Nicola Malinconico.

1-2) Chiesa della Croce di Lucca

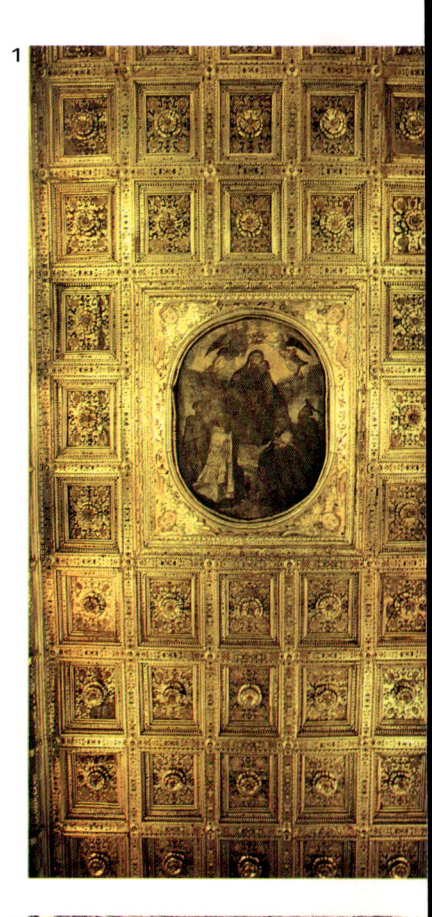

Cappella Pontano

Cappella Pontano

Su via dei Tribunali, sulla sinistra si può visitare la Cappella Pontano (1492), una delle massime espressioni del Rinascimento napoletano. L'edificio, decorato all'interno da un meraviglioso pavimento maiolicato con figurazioni umane, animali e vegetali, fu probabilmente voluto dal celebre umanista Giovanni Pontano, all'epoca segretario di Ferdinando I d'Aragona, in onore della moglie e dei figli scomparsi.

Via dei Tribunali

Tracciata sul percorso dell'antico decumano massimo romano (la grande via che tagliava la città da est a ovest), la vivacissima arteria, che prosegue rettilinea fino al Castel Capuano, è fiancheggiata da alcune delle chiese più importanti della città. In corrispondenza della piccola piazza San Gaetano (che, come la successiva piazza dei Gerolomini, sorge sull'area anticamente occupata dal foro romano), preceduta da una maestosa scalinata si erge la chiesa di San Paolo Maggiore, progettata alla fine del XVI secolo dall'architetto barocco Francesco Grimaldi. Sorse sulle rovine di una preesistente chiesa del IX secolo, costruita a sua volta sul sito di un tempio dedicato ai Dioscuri risalente all'epoca romana: di entrambi gli edifici sussistono alcune vestigia. L'interno, ampio e ricchissimo, è impreziosito da dipinti (pregevoli in particolare quelli di Massimo Stanzione, Paolo de Matteis e Francesco Solimena), statue, stucchi e decorazioni marmoree. Sulla stessa piazza la fronteggia un'altra chiesa di eccezionale rilevanza artistica, San Lorenzo Maggiore. Costruita tra la fine del XIII e l'inizio del XIV secolo con il concorso di architetti francesi e napoletani, fu parzialmente rimaneggiata nel XVII e XVIII secolo ricevendo una pesante veste barocca di cui fu poi liberata durante i restauri condotti nel nostro secolo. Lo splendido interno gotico racchiude tra gli altri i trecenteschi sepolcri di Caterina d'Austria e di Roberto d'Artois. Opere di scavo condotte nel sottosuolo della chiesa e del vicino convento hanno portato al rinvenimento di preziose vestigia di epoca greco-romana. Più avanti, nei pressi dell'incrocio con via Duomo, la chiesa dei Gerolomini sorge accanto all'omonima Pinacoteca, ricchissima di preziose testimonianze artistiche.

Santa Maria Maggiore

Subito a destra della Cappella Pontano, fu costruita in forme barocche su disegno dell'architetto bergamasco Cosimo Fanzago tra il 1653 e il 1667. Il grazioso campanile romanico cuspidato, risalente all'XI-XII secolo, apparteneva a una basilica preesistente eretta nella prima metà del VI secolo sulle cui fondamenta sorse poi la chiesa attuale.

San Giovanni a Carbonara

Da via dei Tribunali, svoltando a sinistra in via Duomo e oltrepassando la chiesa di Santa Maria Donnaregina (forse la più notevole chiesa gotica della città con i suoi splendidi affreschi e i monumenti sepolcrali trecenteschi, tra cui, nell'abside, quello della regina Maria d'Ungheria realizzato da Tino di Camaino), si raggiunge la via Settembrini. Percorrendola verso destra si giunge in via San Giovanni a Carbonara, al cui fondo una maestosa scalinata conduce alla chiesa omonima. La sua costruzione si protrasse, in parallelo con quella del vicino convento, per mezzo secolo, dalla metà del XIV fino all'inizio del XV secolo. Il bel portale quattrocentesco aperto nel fianco destro dà accesso alla navata unica a pianta rettangolare dell'interno, che racchiude opere scultoree tra le più preziose esistenti a Napoli. Al XV secolo risale lo splendido monumento funebre del re Ladislao, fratello di Giovanna II, sorretto da quattro gigantesche Virtù e ornato da statue (Marco e Andrea da Firenze) e figure dipinte (Leonardo da Besozzo); coevo è l'incompiuto sepolcro di ser Gianni Caracciolo, impreziosito da un'iscrizione di Lorenzo Valla e dalle sculture di Andrea

SESTO ITINERARIO

1-2) Chiesa di Santa Maria Maggiore: interno e campanile

Chiesa di San Giovanni a Carbonara

da Firenze. Altro monumento di grande interesse è quello dei Miroballo, portato a termine nel XVI secolo, anch'esso ricco di preziose sculture.

Santa Caterina a Formiello

Ridiscesi in via San Giovanni a Carbonara, proseguendo in direzione della stazione ferroviaria si giunge in piazza Enrico De Nicola, sulla quale, appena a sinistra della Porta Capuana, prospetta la splendida chiesa di S. Caterina a Formiello, eretta nel XVI secolo (forse su progetto di Francesco di Giorgio Martini) in belle forme rinascimentali. L'interno a croce latina conserva accanto a pregevoli dipinti settecenteschi di Paolo de Matteis numerose opere risalenti all'epoca di fondazione della chiesa o all'inizio del secolo successivo.

Chiesa di Santa Caterina a Formiello

Porta Capuana

Subito a destra della chiesa di Santa Caterina a Formiello si apre la bella Porta Capuana, costruita sul sito di una preesistente porta (spostata più avanti) nel 1484. Progettata dal fiorentino Giuliano da Maiano nello stile degli archi trionfali, la struttura fu voluta da Ferdinando I d'Aragona. È fiancheggiata da due poderosi torrioni cilindrici che simboleggiano l'Onore e la Virtù e presenta sul lato esterno un bel rivestimento di marmo bianco. Il monumento porta il nome del vicino Castel Capuano, eretto nella seconda metà del XII secolo e utilizzato per un certo periodo come residenza reale. L'edificio subì ampliamenti e rimaneggiamenti successivi, a partire da quelli voluti da Federico II di Svevia fino a giungere a quelli attuati nel 1540 che lo trasformarono in sede dei Tribunali. L'aspetto attuale si deve alle modifiche apportate a metà del XIX secolo e agli interventi novecenteschi.

Scorcio di Porta Capuana

Settimo Itinerario

Museo Archeologico Nazionale

Ospitato in un grande edificio risalente alla fine del XVI secolo, il museo si è sviluppato a partire dalle collezioni della famiglia Farnese, legate in eredità a Carlo di Borbone dalla madre Elisabetta Farnese. Arricchitasi nel corso degli anni con i reperti provenienti da Ercolano, Pompei, Cuma e altre località di scavo, con la collezione Borgia di preziosi oggetti egizi nonché con numerosi acquisti, acquisizioni e donazioni, l'istituzione rappresenta una delle raccolte di antichità classiche più ricche e importanti del mondo. Le opere custodite sono tutte di valore inestimabile, dalle sculture alle pitture, dai mosaici (provenienti quasi tutti, come gli afreschi, da Ercolano e Pompei) alle suppellettili della Villa dei Papiri ercolanense, dalle terrecotte agli avori, dai gioielli, ai bronzi, dai reperti preistorici alle monete antiche della collezione Santangelo. La vastità delle raccolte è tale che permette di ricordare qui soltanto le opere più conosciute, lasciando al visitatore la scoperta

SETTIMO ITINERARIO

1) Museo Archeologico: la facciata
2) Mosaico di Alessandro: particolare
3) Ercole Farnese
4) Eros Farnese
5) Stamnos di Nocera

SETTIMO ITINERARIO

della maggior parte dei tesori del museo. Tra le sculture in marmo figurano per esempio capolavori come I tirannicidi Armodeo e Aristogitone, copia romana di un originale in bronzo del IV secolo a.C.; la maestosa Athena Farnese, copia di età romana imperiale da un originale greco forse di Fidia; il commovente rilievo marmoreo di Ofeo ed Euridice con il dio Hermes; la splendida copia del celebre Doriforo di Policleto, rinvenuta a Pompei alla fine del XVIII secolo; l'armonioso Efebo portatore di lampada, replica di un originale eseguito nel IV secolo a.C. rinvenuta anch'essa a Pompei, nella via dell'Abbondanza (1925); l'Amazzone morta, una delle copie dei gruppi celebrativi fatti realizzare nel II secolo a.C. a Pergamo dal re Attalo; la seducente Venere Callipige, copia romana di un originale ellenistico che ornava la Domus Aurea neroniana a Roma; la decapitata Venere di Snuessa; il possente Ercole Farnese, copia di un originale bronzeo di Lisippo; il gruppo del Toro Farnese (il più grande giunto fino a noi dall'antichità), di eccezionale dinamismo, eseguito nel II-III secolo a.C. a partire da un originale bronzeo ellenistico. Nella collezione di mosaici, quasi tutti pompeiani, il più famoso è sicuramente quello della Battaglia di Alessandro contro Dario, realizzato ad Alessandria d'Egitto: vastissimo, decorava il pavimento di una delle sale della Casa del Fauno di Pompei, dove fu scoperto nel 1831.

Ritratto di fanciulla: affresco

SETTIMO ITINERARIO

Sileno Ebbro

Orificerie e argenterie ritrovate negli scavi di Ercolano e Pompei

SETTIMO ITINERARIO

Catacombe

Scavate a Capodimonte nella collina di tufo giallo dei colli Aminei, si sviluppano su due livelli sotterranei con ampie gallerie decorate da preziose pitture e pregevoli mosaici datati dal III al X secolo.

Nucleo originario delle catacombe fu una tomba gentilizia della fine del II secolo (oggi vestibolo inferiore) donata alla primitiva comunità cristiana della città. Ornata da semplici motivi geometrici, floreali e zoomorfi, fu affiancata intorno al IV secolo da una basilica cimiteriale, notevole per l'altare isolato e la cattedra episcopale scavata nella parete tufacea. Nel V secolo vi furono traslate le spoglie del martire San Gennaro, decapitato a Pozzuoli nel 305: da questo momento in poi le catacombe assunsero il nome attuale e furono notevolmente ampliate a partire dai due vestiboli originali con lunghe gallerie scandite da arcosoli, cubicoli e nicchioni sovrapposti.

Tra gli ambienti più interessanti, oltre all'ampia basilica sotterranea del livello superiore, unica nel suo genere, sono sicuramente i vestiboli inferiore e superiore (quest'ultimo con preziosi cicli pittorici), la basilica dei vescovi napoletani e il sottostante sepolcro di San Gennaro (luoghi di culto molto cari ai napoletani), le tombe dei vescovi adorne nelle lunette degli arcosoli di splendidi mosaici che li ritraggono (notevole quello nell'arcosolio di destra con la raffigurazione del vescovo di Cartagine San Quodvltedeus), i cubicoli con ingressi abbelliti da colonnine intagliate e i numerosi arcosoli ornati da bellissimi affreschi.

Catacombe di San Gennaro

Museo e Gallerie Nazionali di Capodimonte

Le raccolte hanno sede presso il Palazzo Reale di Capodimonte, voluto da Carlo di Borbone nel 1738. Immerso in un grande parco boscoso con ampie zone di giardini all'inglese, il maestoso edificio fu completato solo nel 1838 e nella prima metà del XX secolo fu ristrutturato per poter accogliere adeguatamente il suo inestimabile contenuto. Insieme alla Galleria Nazionale e a varie raccolte minori, l'istituzione riunisce la Galleria dell'Ottocento, l'Appartamento storico, le Collezioni di porcellane e ceramiche, l'Armeria e il Salottino di Porcellana.

La Galleria Nazionale si formò attorno al nucleo originario dei capolavori appartenuti alla famiglia Farnese e passati in eredità a Carlo di Borbone nel 1731 e si arricchì in seguito di numerose altre opere provenienti da acquisizioni di raccolte e donazioni o prelevate da chiese fino ad assumere le vastissime proporzioni attuali. Particolarmente ricca è la collezione di pittura, aperta dai sette preziosi arazzi con Episodi della battaglia di Pavia eseguiti su cartoni di Bernart van Orley dalla manifattura di Bruxelles nel 1525-1531. Nelle sale si susseguono migliaia di capolavori, impossibili da ricordare tutti. Alla maestosa pala di Simone Martini con San Ludovico di Tolosa, dipinta nel 1317 dal pittore senese per celebrare l'incoronazione di Roberto d'Angiò a re di Napoli, si affianca una Crocifissione dipinta dal Masaccio nel 1426-1427 appartenente a un prezioso polittico smembrato; una rinascimentale Madonna col Bambino e angeli di Botticelli precede il celebre

1) Tiziano - Paolo Farnese II coi nipoti
2) Luca Giordano - San Francesco Saverio battezza i nipoti e San Francesco Borgia

Ritratto di Luca Pacioli eseguito da un anonimo nel 1495. Nelle sale dedicate alla pittura del XV e XVI secolo occupano un posto di primo piano la Sacra Famiglia con San Giovannino e due Ritratti di Clemente VII del veneziano Sebastiano del Piombo, mentre l'emiliano Correggio figura con un cospicuo nucleo di opere, tra cui la celebre Zingarella. Dopo la Lucrezia del Parmigianino, la stupefacente Trasfigurazione di Giovanni Bellini divide la sala con capolavori di Lorenzo Lotto, Palma il Vecchio, El Greco e altri grandi. Di Tiziano, pittore prediletto dai Farnese, sono presenti fra altri tre ritratti di Papa Paolo III, uno del Cardinale Alessandro Farnese (1543), una delicata Danae (1545). Tra i fiamminghi, accanto a Pieter Brueghel con La parabola dei ciechi

SETTIMO ITINERARIO

(1568), non manca Joos van Cleve. A illustrare la preziosità delle altre sale bastano i nomi dei più grandi che vi figurano: Raffaello, Michelangelo, Caravaggio, Rembrandt, Guido Reni, Luca Giordano e pittori napoletani della levatura di Gaspare Traversi.
La Galleria dell'Ottocento, ricchissima, offre un panorama di rara ampiezza sulla pittura italiana (con particolare attenzione a quella napoletana) e straniera dell'epoca, mentre la Raccolta di porcellane e ceramiche, con i suoi tremila pezzi, illustra il fasto e la raffinatezza delle residenze (e delle mense) nobiliari del XVIII e XIX secolo, preziosamente rappresentato anche dall'incantevole Salottino della regina Maria Amalia, interamente decorato in stile rococò con oltre tremila pezzi della più fine porcellana.

1) Gigante - Costiera Amalfitana
2) Esemplare di porcellana

2

Ottavo Itinerario

Vomero

Dal Museo Archeologico, seguendo la via Salvator Rosa si incontra dapprima, sulla sinistra, l'Ospedale di Gesù e Maria (con l'annessa chiesa omonima fondata nel XVI secolo), quindi la piazza Mazzini e, nei pressi, la seicentesca chiesa di Santa Maria della Pazienza. Procedendo oltre lungo le vie della Cerra e San Gennaro ad Antignano, dalla piazza degli Artisti si svolta a sinistra nella via Luca Giordano e poi di nuovo a sinistra nella via Alessandro Scarlatti, che attraversa per tutta la sua lunghezza il Vomero. Il rione, sviluppatosi alla fine del XIX secolo come quartiere residenziale della borghesia partenopea, ha subito intorno agli anni Cinquanta e Sessanta del nostro secolo profonde trasformazioni che ne hanno fatto uno dei quartieri più disordinati e trafficati della città. Alle eleganti abitazioni della belle époque sono andati man mano sostituendosi giganteschi caseggiati addossati gli uni agli altri, ma alla crescita vertiginosa della densità di popolazione sull'area non sono seguiti interventi adeguati di urbanizzazione, specie riguardo alla rete stradale (nonostante l'apertura di nuove vie alla periferia), con il risultato di vedere accresciuto il disagio provocato in particolare dal forte congestionamento del traffico. Collegato ai quartieri inferiori della città da tre linee di funicolare, il rione conserva comunque alcuni dei principali monumenti della città: il Castel Sant'Elmo, la Certosa di San Martino e la Villa Floridiana, circondata da un parco meraviglioso.

Il Museo della Floridiana

Cabaret - Porcellana di manifattura tedesca: Ansbach sec. XVIII

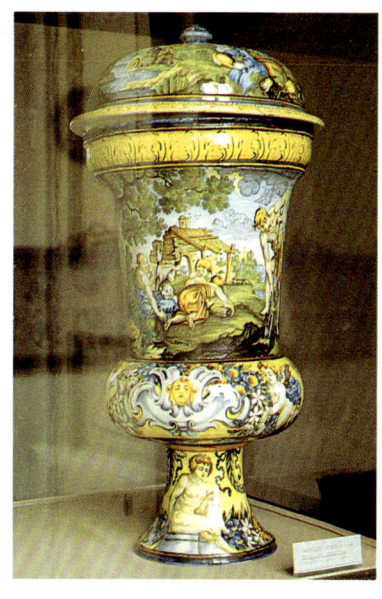

Vaso raffigurante l'adorazione dei Magi - Porcellana di Carlo Antonio Grue

Villa Floridiana

La villa, in prossimità della stazione della funicolare di Chiaia che collega il Vomero con il sottostante corso Vittorio Emanuele, deve il nome a Lucia Migliaccio Partanna, duchessa di Floridia, in onore della quale venne costruita tra il 1817 e il 1819. La decisione di erigere la splendida residenza fu presa per "ragioni di convenienza" da Ferdinando I di Borbone, il quale nel 1814 aveva sposato in seconde nozze la duchessa: in quanto moglie morganatica del sovrano, essa non aveva tuttavia ricevuto il titolo di regina, e quindi non poteva risiedere nel palazzo reale dei Borboni. Per rispettare il protocollo, Ferdinando I acquistò allora sulla collina del Vomero il vasto terreno su cui già sorgeva una lussuosa villa dove creare una residenza estiva per la duchessa. Le opere di ampliamento e trasformazione dell'area furono affidate all'architetto toscano Antonio Niccolini, autore anche delle modifiche apportate al Palazzo Partanna di piazza dei Martiri, altra residenza che Ferdinando donò alla seconda moglie. Particolare attenzione fu posta nella sistemazione del grande parco, dolcemente digradante verso il mare lungo le pendici della collina: dominato da alberi d'alto fusto come lecci, platani e cedri, il parco alterna in una sequenza accuratamente studiata e molto scenografica aree aperte coltivate a prati e boschetti ombrosi, zone di giardini all'inglese abbelliti in primavera da splendide fioriture di camelie e pendii scoscesi, ampi viali, teatrali spianate e piccoli sentieri lungo i quali si aprono panoramici belvedere (da cui la vista spazia sulla città, il golfo e persino la vicina isola di Capri) e si innalzano tempietti e folies, quelle pittoresche imitazioni di ruderi chiamate anche capricci tanto spesso impiegate nell'architettura dei parchi all'inglese. La palazzina principale, che appare in tutta la sua bellezza sullo sfondo di un grande prato al termine del vialone principale (parzialmente modificato rispetto al disegno del Niccolini alla fine del XIX secolo), è un'elegante residenza in stile neoclassico la cui architettura si richiama in numerosi particolari alle fastose ville pompeiane.

Coppa e candelabri del sec. XVIII in bronzo e cristallo di rocca

Danneggiata durante la seconda guerra mondiale, la costruzione, attualmente di proprietà dello Stato, fu accuratamente restaurata anche con lo scopo di esporre più ordinatamente il Museo Nazionale della Ceramica Duca di Martina, una delle più ricche collezioni interamente dedicate alle arti decorative che ospita dal 1927. La raccolta si formò inizialmente grazie alla passione collezionistica di Placido de Sangro, duca di Martina, che nella seconda metà del XIX secolo mise insieme numerosi esemplari di porcellane e maioliche italiane, europee e orientali nonché manufatti in vetro, corallo, avorio e altri materiali tradizionalmente impiegati nelle arti decorative minori, all'epoca assai in voga; successivamente incrementata dal nipote, il conte de Marzi, la collezione venne poi ceduta allo Stato all'inizio del XX secolo. Il museo si arricchì ulteriormente nel 1978, quando Riccardo de Sangro, erede della famiglia del duca di Martina, legò in eredità al museo una cospicua collezione (oltre cinquecento pezzi) di altre porcellane e maioliche

La porcellana della Real Fabbrica di Napoli fondata nel 1771 da Ferdinando IV di Borbone

OTTAVO ITINERARIO

Ventaglio pieghevole (1780) - Ventaglio Brisé in tartaruga e pergamena. Bracciale - Pettinesse

Orologio a forma di gabbia - Bronzo dorato, ottone smaltato a freddo e porcellana (Svizzera)

acquistate dal suo avo nel XIX secolo insieme a preziosi arredi. La visita inizia al piano terreno della villa, aperto dal grande atrio in cui sono esposti i ritratti di Ferdinando I di Borbone, eseguito da un ignoto pittore ottocentesco, e della duchessa di Floridia, probabilmente opera di Vincenzo Camuccini. Le sale ospitano la collezione di maioliche, in cui figurano splendidi pezzi ispano-moreschi di Malaga e Valencia, ceramiche italiane risalenti al XVI secolo con raffinatissimi decori prodotte dagli artigiani di Deruta, Gubbio, Faenza, Urbino, Cafaggiolo e Palermo, preziosi esemplari seicenteschi delle manifatture veneziane e abruzzesi. Sullo stesso piano sono esposti anche cofanetti e scrigni di legno intagliato o tempestati di pietre dure italiani, arabi e bizantini, cornici d'argento e d'avorio, vetri di Murano e cristalli di Boemia con pezzi dal XV al XVIII secolo, avori e smalti italiani ed europei di origine medievale, preziose tabacchiere. Al primo piano, precedute da un'anticamera con il ritratto del duca di Martina, si trovano invece le sale che espongono la prestigiosa raccolta di porcellane, per la maggior parte settecentesche, dove accanto alla ricchissima collezione di esemplari della manifattura di Meissen figurano pezzi altrettanto preziosi prodotti a Capodimonte, Venezia e Napoli, a Chantilly, Sèvres e Vincennes, nelle manifatture tedesche di Berlino, Niderviller e Frankenthal, a Vienna, a Zurigo, nelle fabbriche di Wedgwood o a Chelsea. Illustrano questa vastissima produzione di oggetti in porcellana a pasta dura o a pasta tenera piatti e servizi da tavola, bastoni da passeggio con impugnatura in porcellana e cornici, medaglioni e vasi. Di grandissimo interesse è poi la raccolta di arte orientale, una delle principali in Italia, ricca di oltre mille porcellane provenienti dal Giappone e dalla Cina. Accolta nel piano seminterrato della Villa ma oggi parzialmente suddivisa tra questo spazio espositivo e il primo piano, comprende tra gli esemplari di maggiore pregio raffinatissime porcellane cinesi bianche e blu appartenenti alla "famiglia verde" e alla "famiglia rosa", un preziosissimo vaso cinese della "famiglia nera", pezzi risalenti alla dinastia Ming, avori, lacche e piccoli bronzi cinesi e indiani.

OTTAVO ITINERARIO

Castel Sant'Elmo

Fu Roberto d'Angiò, nel 1329, a ordinare la costruzione del castello, alla cui realizzazione partecipò inizialmente anche il senese Tino di Camaino, impegnato contemporaneamente nell'edificazione delle vicina Certosa di San Martino.
Portato a termine dopo oltre vent'anni, il possente edificio fu poi rifatto nella prima metà del XVI secolo per ordine del viceré Pedro di Toledo. L'austera costruzione, parzialmente scavata nella roccia tufacea del Vomero e con pianta a stella, è priva di torrioni (sostituiti originariamente da giganteschi cannoni collocati agli angoli della struttura), ma presenta un profondo fossato che la circonda su tre lati e alcuni fortini sorti in epoche diverse.

Veduta di Castel Sant'Elmo

Rivestì nel corso dei secoli una notevole importanza strategica, divenendo teatro di avvenimenti cruciali per la storia della città a partire dall'assedio delle truppe della regina Giovanna I nel 1348 fino agli eventi della rivoluzione di Masaniello tre secoli più tardi.

Certosa di San Martino

L'edificio sorse tra il 1325 e il 1368 per volontà di Carlo d'Angiò. La chiesa, inaugurata nel 1368 ma profondamente modificata alla fine del XVI secolo, è uno splendido esempio di barocco napoletano. Nell'interno a navata unica le cappelle laterali sostituirono nel XVI secolo le originarie navate destra e sinistra. Anche la splendida decorazione marmorea, eseguita tra la fine del XVI e l'inizio del XVII secolo su progetto del toscano Giovanni Antonio Dosio, venne ritoccata con successivi interventi settecenteschi che la impreziosirono ulteriormente.
L'opera pittorica più celebre della chiesa, la grande Deposizione

Certosa di San Martino: il chiostro

OTTAVO ITINERARIO

1) Certosa di San Martino: interno
2) Certosa di San Martino: scorcio del chiostro grande
3) Museo di San Martino - Carrozza Reale

(1838) di Massimo Stanzione (presente con numerose altre opere) si trova in corrispondenza del portale.
Ugualmente preziosi sono tuttavia, nelle arcate delle cappelle, i Dodici profeti raffigurati nella prima metà del XVII secolo dallo Spagnoletto.
Tra i numerosi artisti che lavorarono alla ricchissima decorazione pittorica della chiesa vanno poi ricordati in particolare Guido Reni

(autore dell'incompiuta Natività sulla parete di fondo del presbiterio) Battista Caracciolo (soprattutto per i bellissimi affreschi con Storie di Maria nella volta della terza cappella di sinistra e per la Lavanda dei piedi alla parete sinistra del presbiterio), Luca Giordano (cui si deve il Trionfo di Giuditta sul soffitto della cappella del Tesoro), Carlo Maratta e Francesco Solimena. Dalla chiesa, attraverso l'attiguo chiostro dei Procuratori si entra negli splendidi giardini della Certosa, che offrono spettacolari panorami.

Museo Nazionale di San Martino

Con le sue varie sezioni, la Pinacoteca e la Collezione di scultura, il museo ha sede nei locali dell'omonima Certosa.
Dalla prima sezione, quella Navale, dove sono esposti modelli di imbarcazioni e navi di periodi compresi tra il XVII e il XIX secolo, si passa in quella che raccoglie i Ricordi storici del Regno di Napoli, la cui prima sala ospita la celebre Tavola Strozzi, eseguita a metà del XV secolo e dalla critica più recente attribuita a Francesco Rosselli. La tavola, dipinta a tempera, raffigura il trionfale rientro della flotta spagnola di Ferrante d'Aragona dopo la battaglia di Ischia del 1465 contro gli Angioini. La realistica rappresentazione della città come doveva apparire nel XV secolo dipinta sullo sfondo costituisce una preziosa testimonianza per lo studio della topografia antica e dello sviluppo urbano di Napoli. Nelle sale, accanto a manufatti vari (forzieri, ceramiche, stampe, medaglie, oggetti appartenuti a grandi personaggi, vasi, armi e altro ancora) si susseguono poi ritratti di personaggi illustri e reali della storia partenopea (numerosi quelli di principi borbonici, tra cui una pregevole copia del Carlo III di Borbone di Goya, un Ritratto dell'ammiraglio Nelson, varie opere raffiguranti Gioachino Murat, tra cui quella con Le nozze di Murat e Carolina Bonaparte) e opere pittoriche raffiguranti episodi salienti della città di Napoli (Episodi della rivoluzione di Masaniello, La battaglia di Lipsia, Presa

OTTAVO ITINERARIO

1) Salvatore Fergola - Inaugurazione della Ferrovia Napoli-Portici
2) Tavola Strozzi - Il porto di Napoli

OTTAVO ITINERARIO

della città da parte di Don Giovanni d'Austria, Inaugurazione della ferrovia Napoli-Portici, Garibaldi al Volturno) e bei paesaggi partenopei. Dall'ultima sala di questa sezione si può passare al belvedere, dove si gode la vista più spettacolare e suggestiva su Napoli e il suo golfo, oppure accedere alla sezione dedicata alla Topografia napoletana. Qui sono custodite preziose carte antiche della città, tra cui quella eccezionale tracciata nel 1566 dal francese Antonio Lafréry, nonché dipinti di varia epoca raffiguranti vedute della città e di altre località campane. Una parte degli ambienti che in origine formavano l'appartamento del priore della Certosa, con grandiosi affreschi del XVIII secolo sulle volte, ospita la sezione delle Feste e dei Costumi, dove agli abiti

OTTAVO ITINERARIO

Domenico Gargiulo - Rivolta di Masaniello

e ai costumi antichi fanno da sfondo una serie di graziosi acquerelli settecenteschi sul tema di Pulcinella, la celebre maschera della città, e dipinti del XVIII e XIX secolo dedicati alle feste tradizionali (Il carnevale del 1711, Festa della Madonna dell'Arco, Fiera di San Germano). Un'attenzione particolare meritano le sale occupate dalla sezione dei Presepi, nelle quali figurano preziose statuine e scene presepiali antiche, soprattutto del XVIII secolo. Di quest'arte tradizionale tanto cara alla città di Napoli in cui numerosi artisti e artigiani si sono cimentati nel corso dei secoli sono frutto i due pezzi più rari della collezione: il presepe Cuciniello, con oltre duecento tra personaggi e animali di

OTTAVO ITINERARIO

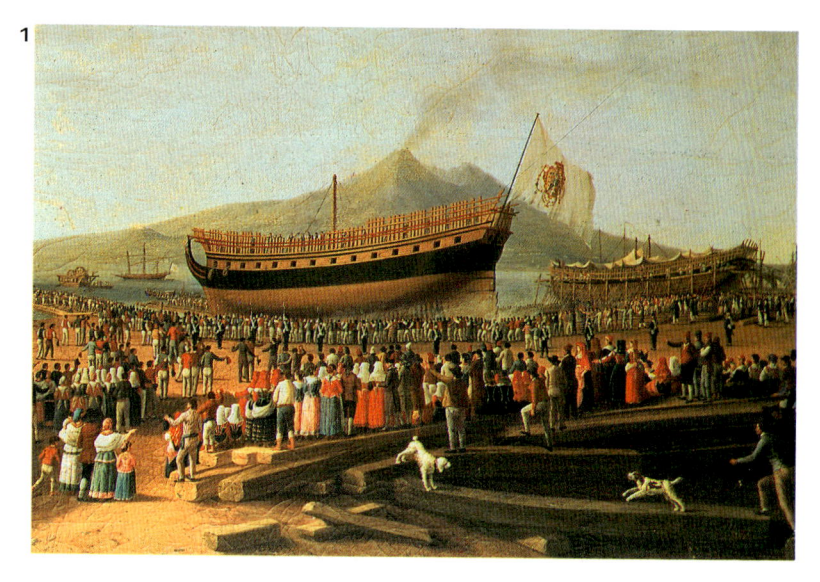

1) Jacob Philippe Hackert - varo della partenope a Castellammare
2) Candido Francesco Saverio - Ritratto di Cimarosa
3) Scultura del XIII secolo - Virtù Cardinale

pregevolissima fattura, e il presepe Ricciardi, animato da un centinaio di figurine minuziosamente intagliate e dipinte. Curioso è l'ottocentesco presepe in miniatura racchiuso in un guscio d'uovo, probabilmente il più piccolo del mondo. Alcune sale di questa sezione sono dedicate al teatro napoletano: vi figurano tra l'altro interessanti dipinti che mostrano il Teatro San Carlo prima dell'incendio che nel 1816 distrusse completamente la sala e altre parti dell'edificio.
Per passare alla Pinacoteca si attraversa il Chiostro grande della Certosa, ampia area verdeggiante circondata da uno splendido porticato disegnato da Giovanni Antonio Dosio alla fine del XVI secolo. L'impostazione del chiostro fu parzialmente modificata nel secolo successivo a opera del bergamasco Cosimo Fanzago, cui si devono gran parte dell'elegante decorazione e il piccolo recinto cimiteriale.

OTTAVO ITINERARIO

Nelle sale della cospicua raccolta di opere pittoriche figurano dipinti di varie epoche e soggetto, da un'Epifania dei greci Angelo e Donato Bizamano (XVI secolo) a una seicentesca Marina di Salvator Rosa, dal Ritratto delle Sabine di Luca Giordano alle Parti del mondo del Ribera (riprese nel medesimo ambiente da un dipinto dello stesso Giordano di uguale soggetto), da uno stupefacente Paesaggio di Alessandro Magnasco al pregevole Autoritratto di Francesco Solimena fino alle nature morte e alle figurazioni animali e floreali dei napoletani Tommaso Realfonso e Baldassarre De Caro e del fiammingo Brueghel. Ai pittori partenopei del secondo Ottocento (tra i quali spiccano Domenico Morelli e Vincenzo Gemito) sono interamente dedicate due sale che precedono gli ultimi ambienti con ritratti e paesaggi (Ritratto dell'architetto Chelli di Gaetano Forte; Ritratto di Filippo Palizzi; Paesaggio di Giuseppe Palizzi; Tramonto d'inverno di Federico Rossano; Il curato di campagna di Marco De Gregorio).

La sezione delle Sculture raccoglie numerose opere interessanti che coprono un vasto arco temporale: del I secolo d.C. è un sepolcro romano riutilizzato come monumento funebre secoli più tardi, mentre al XIV secolo risalgono le preziose sculture realizzate da Tino di Camaino, assai attivo a Napoli nella prima metà del Trecento.

Scultura del XIII secolo

Nelle sale delle Arti Minori, tra gli splendidi oggetti esposti vale la pena ricordare soprattutto la collezione di vetri (con raffinatissimi esemplari quattrocenteschi di produzione muranese e cinque-seicenteschi provenienti da officine sia italiane sia straniere), quella degli specchi, le porcellane settecentesche della Real Fabbrica di Napoli e di Sèvres e i preziosi. Tra i ricordi della Certosa meritano un'attenzione particolare gli antifonari cinquecenteschi decorati da miniature di sorprendente perfezione.

Nono Itinerario

Piazza Municipio e Corso Umberto I

Dalla piazza del Municipio la via Depretis procede fino alla piazza Giovanni Bovio, ornata al centro dalla fontana di Nettuno, su cui si affaccia il Palazzo della Borsa. Costruito alla fine del XIX secolo, l'edificio ingloba la cappella di Sant'Aspreno al Porto, la cui fondazione risale all'VIII secolo. La piazza segna l'inizio del corso Umberto I, ampia arteria aperta nell'ultimo decennio del secolo scorso che, per il suo andamento, è nota come "il Rettifilo". Sul lato sinistro si innalza l'antichissima chiesa di San Giovanni Maggiore, fondata nel IV secolo ma ricostruita nel XVII e XIX secolo, che conserva la pianta di tipo basilicale caratteristica delle chiese paleocristiane. A breve distanza sorge il vasto edificio (1897-1908) dell'Università, sviluppatasi a partire dallo Studio Generale fondato nel 1224 da Federico II di Svevia; nei pressi, la cinquecentesca chiesa del Gesù Vecchio, sorta sul sito di una chiesa preesistente, è abbellita nell'interno in marmi policromi da interessanti opere pittoriche, tra cui un San Luigi attribuito a Giovanni Battista Caracciolo. Sul lato destro pro-

1) Piazza Municipio - 2) Corso Umberto I e Piazza Borsa

spetta invece la chiesa di San Pietro Martire, con preziosi dipinti del XIV, XV e XVI secolo tra cui la celebre tavola quattrocentesca del napoletano Nicolò Colantonio raffigurante San Vincenzo Ferreri. Superata la piazza Nicola Amore, detta dei Quattro Palazzi per i quattro edifici di architettura molto simile prospettanti sull'area, sulla sinistra si incontra la chiesa di Sant'Agostino della Zecca, originaria del XIV secolo ma rimaneggiata fino al 1761, al cui interno si può ammirare una preziosa Madonna col Bambino in marmo di Francesco Laurana. Più avanti, oltrepassata la chiesa seicentesca di Santa Maria Egiziaca (da non confondere con quella omonima di Pizzofalcone), sullo stesso lato la chiesa di Santa Maria Annunziata (fondata nel XIV secolo) deve le splendide forme alla ricostruzione eseguita da Luigi Vanvitelli nella seconda metà del XVIII secolo. Quasi al termine del corso infine, sempre sulla sinistra, la chiesa di San Pietro ad Aram sorgerebbe sul luogo dove San Pietro convertì Sant'Aspreno e lo consacrò primo vescovo di Napoli.

Piazza del Mercato

Nel vecchio quartiere che si estende a destra del corso Umberto I si apre la piazza del Mercato, abbellita da due fontane a obelisco. Tristemente famosa per essere stata teatro di numerose esecuzioni capitali, tra cui quella di Corradino di Svevia nel 1268, all'inizio di luglio del 1647 la piazza fu testimone dei primi moti dell'insurrezione popolare guidata da Masaniello, la cui casa sorge proprio alle spalle dell'area. Durante la seconda guerra mondiale la piazza fu quasi completamente distrutta dai bombardamenti, che inflissero gravi danni anche ai monumenti circostanti. Sul lato settentrionale si nota la bella cupola maiolicata della chiesa di Santa Croce al Mercato, costruita nel 1786, mentre sul lato occidentale sorge la duecentesca chiesa di Sant'Eligio, prima tra quelle fatte erigere a Napoli dagli Angoini, caratteristica per l'arco (XV secolo) che la collega al campanile.

Santa Maria del Carmine

Dalla piazza del Mercato si raggiunge dopo un breve tratto la piazza del Carmine, sul cui lato sinistro si erge la basilica di Santa Maria del Carmine. Di fondazione antichissima (forse XII secolo), fu ampliata e rimaneggiata entro l'inizio del XIV secolo per volontà di Elisabetta di Baviera, la madre di Corradino di Svevia che fu qui sepolto insieme al duca d'Austria Federico di Baden, suo cugino e compagno di sventura decapitato con lui nell'ottobre del 1268 sulla piazza del Mercato per ordine di Carlo I d'Angiò. Altre trasformazioni (tra cui la facciata) furono apportate tra il XVII e il XVIII secolo. La chiesa è affiancata sul lato destro da un imponente e alto campanile quattrocentesco culminante in una cuspide maiolicata aggiunta nella prima metà del XVII secolo: l'arcata che si apre al centro dà accesso al chiostro del convento annesso alla basilica, con il portico ornato sulla volta e sulle pareti da affreschi cinque-seicenteschi. L'interno della basilica, a una sola navata fiancheggiata da cappelle, è preziosamente decorato con marmi policromi aggiunti da artisti sei e settecenteschi. Interessante, nella prima cappella a destra, il pulpito collocato nel punto dove Masaniello pronunciò il suo discorso alla folla appena prima di essere ucciso a tradimento nel convento. Dell'eroe popolare la basilica del Carmine custodisce la tomba, di cui tuttavia si ignora la posizione in quanto all'epoca venne tenuta nascosta. Nella stessa cappella è esposta una preziosa tela di Mattia Preti con la Vergine e San Simone. In corrispondenza dell'arco del transetto è conservato un Crocifisso ligneo trecentesco ritenuto miracoloso fin dal XV secolo. Un altro Crocifisso ligneo, questo del XV secolo, è conservato nella cappella sinistra del transetto, impreziosita da una Crocifissione forse di Francesco Solimena. Il coro custodisce una piccola tavola raffigurante la Madonna della Bruna eseguita nel XIV secolo: l'icona, oggetto di grande venerazione popolare, era collocata in origine nella piccola chiesa che sorgeva sull'area attualmente occupata dalla basilica. Nella sacrestia, decorata con affreschi del XVIII secolo e collegata al convento da una piccola scala a chiocciola, è custodito un dipinto cinquecentesco raffigurante il Miracolo del Crocifisso esposto nel transetto. Sul lato sinistro della navata, tra la quarta e la quinta cappella si trova il monumento a Corradino di Svevia fatto collocare nella basilica a metà del XIX secolo da Massimiliano di Baviera.

Chiesa del Carmine

NONO ITINERARIO

Piazza Garibaldi

Dalla chiesa di Santa Maria del Carmine si segue, dopo piazza Pepe, il corso Garibaldi che procede rettilineo fino ad allargarsi, a breve distanza dalla stazione della Circumvesuviana, nella piazza Nolana. Qui, sulla destra, sorge la Porta omonima, fiancheggiata da due torri che rappresentano la Fede e la Speranza. Sull'arco della porta, aperta nel XV secolo nelle mura urbane e rimasta miracolosamente in piedi nonostante secoli di storia burrascosa e soprattutto nonostante i bombardamenti che colpirono con violenza questa parte della città, si nota un bassorilievo coevo raffigurante Ferdinando I d'Aragona. Proseguendo lungo corso Garibaldi si giunge nell'omonima piazza: realizzata nel nostro secolo, l'area, di proporzioni notevolissime, è ornata da un monumento all'Eroe dei due Mondi realizzato dallo scultore fiorentino Cesare Zocchi nel 1904. Antistante la piazza è la Stazione Centrale della ferrovia, costruita tra il 1959 e il 1970.

Piazza Ferrovia

Piazza Carlo III

Dalla piazza, il corso Garibaldi prosegue ancora fino a sfociare in piazza Carlo III, sulla quale si affaccia il vastissimo Albergo dei Poveri. Eretto tra il 1751 e il 1829, l'edificio, che secondo il progetto originario avrebbe dovuto essere molto più grande, fu voluto da Carlo di Borbone per accogliere orfani e vecchi indigenti.

Orto Botanico

Creato all'inizio del XIX secolo da Giuseppe Bonaparte, si estende su un'ampia superficie a sinistra dell'Albergo dei Poveri. Accanto alle porzioni di terreno dove crescono le varie specie, officinali e non, comprende vasche per la coltivazione delle piante acquatiche, serre e l'Istituto Botanico, con interessanti erbari storici e una ricca biblioteca specializzata.

Dintorni

Il Vesuvio

Le origini dell'unico vulcano attivo dell'Europa continentale, simbolo indiscusso di Napoli e dell'intera regione campana, risalirebbero secondo i geologi all'incirca a dodicimila anni fa, quando probabilmente l'attività sismica della crosta terrestre trasformò un precedente vulcano in quello che sarebbe molto più tardi diventato il Vesuvio. A una serie di eruzioni iniziali il vulcano fece seguire, più o meno a partire dall'VIII secolo a.C., un periodo di inattività: a quell'epoca la sua altezza doveva essere notevolmente superiore rispetto a quella attuale (circa 1270 metri) e aggirarsi intorno ai 2000 metri; inoltre, le sue pendici, oggi in gran parte brulle, dovevano essere coperte da un densa vegetazione tipica della macchia mediterranea. Storicamente l'inizio dell'attività storica del Vesuvio, culminata nella catastrofica eruzione del 79 d.C. che seppellì Pompei ed Ercolano, viene fatta risalire al 63 d.C., quando l'intera regione campana fu scossa da un terremoto devastante. A distanza di sedici anni, la tremenda eruzione più tardi descritta da Plinio il Giovane fu preceduta nuovamente da forti scosse sismiche alle quali fece quasi subito seguito una devastante esplosione.

Panoramica aerea del Gran Cono

DINTORNI

1-2) Gruppo di turisti di fronte al Gran Cono

Il magma incandescente e i gas, con la loro incontenibile pressione, aprirono il condotto sotterraneo e fuoriscirono con spaventosa violenza sotto forma di fango bollente, lava, pietre, lapilli, gas velenosi e cenere squarciando un fianco della montagna e portando morte e distruzione tutto intorno. Gli scienziati ritengono che proprio in quell'occasione il Vesuvio abbia assunto la forma attuale. Altre eruzioni di intensità minore si verificarono fino al XVI secolo, quando apparentemente il vulcano cessò la propria attività. Questa riesplose invece violentissima nel 1631, provocando migliaia di vittime e danni incalcolabili. Le alterne fasi di calma e di attività eruttiva si susseguirono poi fino all'inizio del XX secolo, quando nel 1906 il vulcano esplose nuovamente modificando ancora una volta, seppur parzialmente, la propria morfologia. L'ultima eruzione distruttiva si verificò nel 1944: in questa occasione, sulla sommità si formò un grande cratere completamente ricoperto di cenere gialla.

3) Fumarole in attività   4) Il Gran Cono

D I N T O R N I

Pompei

Posta alle pendici del Vesuvio, l'antica città sorse probabilmente intorno a un insediamento osco-campano fondato intorno al VI a.C. che, grazie alla felice posizione geografica, si sviluppò rapidamente. Sottomessa prima agli Etruschi, poi ai Cumani, divenne infine colonia di Roma nell'89 a.C. Questa perdita totale di autonomia coincise tuttavia per la città con l'inizio di un'epoca di grande fioritura che toccò tutti i settori della sua vita, da quello economico a quello edilizio a quello artistico. Questo periodo di prosperità e di splendore fu bruscamente interrotto nel 63 d.C. dal violento terremoto che devastò tutta la regione campana e che inflisse a Pompei gravissimi danni. La città seppe comunque risollevarsi dalla catastrofe, intraprendendo quasi subito le opere di ricostruzione (soprattutto nell'ambito dell'edilizia privata) necessarie per riacquistare la floridezza che l'aveva contraddistinta in passato. Ma il 24 agosto del 79 d.C. giunse a porre termine definitivamente alle sue fortune la spaventosa eruzione del Vesuvio. Pompei, che per tragica ironia della sorte si era sviluppata proprio su un terreno originato da un fiume di lava eruttato secoli prima dal vulcano, fu inve-

1) Foro Civile: ambulacro occidentale

DINTORNI

stita da una nuvola di proporzioni gigantesche formata da gas velenosi, ceneri, lapilli e pietre incandescenti che seppellirono monumenti ed esseri umani sotto una cortina di detriti spessa oltre sette metri. Letteralmente cancellata dalla furia devastante del vulcano, la città rimase sepolta praticamente fino al 1748, quando furono avviati i primi scavi. Tuttora in corso, le ricerche archeologiche hanno riportato alla luce oltre sessanta ettari della superficie su cui la città doveva estendersi al momento della catastrofe.

Interamente circondata da mura, Pompei era una città popolosa e trafficata in cui abbondavano alberghi, osterie, stazioni di posta (concentrate soprattutto in prossimità delle porte urbane), botteghe (alcune delle quali mostrano ancora l'insegna decorata), case private (da quelle più antiche e semplici del IV secolo a.C. a quelle lussuose e fastosamente decorate del I secolo d.C.) e grandi monumenti pubblici (i templi, la Basilica, le terme, il mercato coperto, i teatri, gli edifici del Foro). A testimoniare l'opulenza e la raffinatezza della città rimangono le migliaia di reperti custoditi al Museo Archeologico Nazionale di Napoli, affreschi, mosaici, sculture e oggetti preziosi provenienti dalle signorili residenze pompeiane ribattezzate con nomi evocativi (casa del Fauno, degli Amorini dorati, dell'Efebo, del Labirinto, Villa dei Misteri, alla peri-

2) Il Foro: particolare
3) L'Anfiteatro

DINTORNI

Mulino e Forno

Casa di Lucrezio Frontone: particolare

feria della città) le quali conservano comunque ancora in molti casi decorazioni sorprendenti per fasto ed eleganza che nulla hanno perduto del proprio fascino originario.

Calco di cadavere ritrovato in un giardino

Villa dei Misteri: l'Atterrita

A pag.89: Casa della Grande Fontana

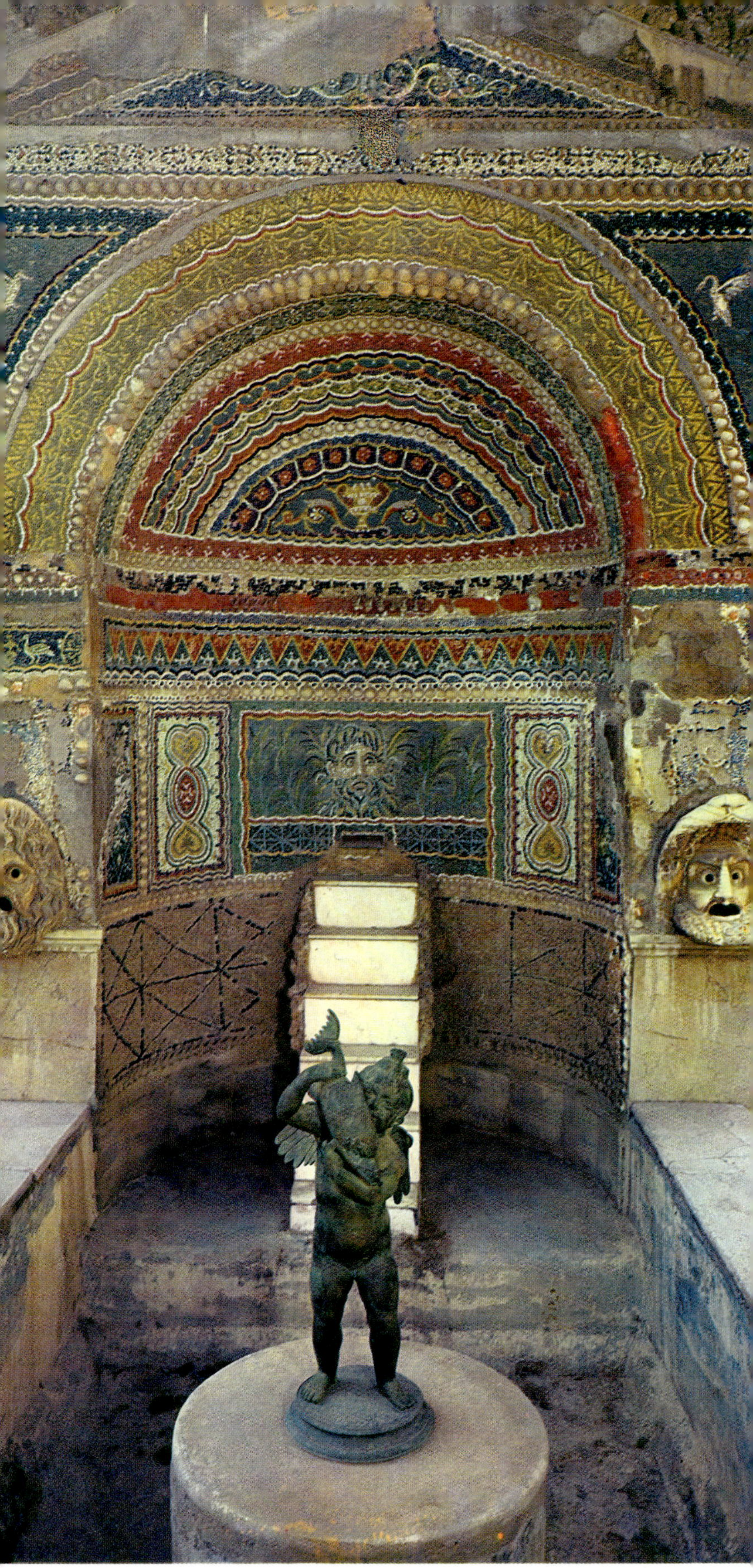

DINTORNI

Capri

Celebre in tutto il mondo per la straordinaria bellezza della sua natura, per la Grotta Azzurra, i Faraglioni, l'Arco Naturale, i pittoreschi scogli dai nomi fantasiosi, le punte spesso dominate da antiche torri di guardia, le calette di acqua cristallina, gli spettacolari panorami, le bellissime ville e la mondana vivacità della famosa Piazzetta, l'isola, quasi interamente formata da roccia calcarea, è ricchissima anche di preziosi monumenti. Tra i più antichi rimangono le imponenti vestigia romane dei Bagni di Tiberio e delle due splendide residenze imperiali, Villa Damecuta e Villa Jovis. Nell'abitato di Capri, la seicentesca cattedrale di Santo Stefano, la vasta Certosa di San Giacomo, eretta nel XIV secolo, la spettacolare via Krupp. Ad Anacapri, immersa nella quiete di vigne e oliveti e collegata a Marina Grande dall'antica Scala Fenicia, la splendida Villa San Michele, dove il medico e scrittore svedese Axel Munthe riunì innumerevoli reperti antichi.

I Faraglioni

DINTORNI

Ischia

La più grande delle isole partenopee è costituita quasi interamente da rocce vulcaniche sulle quali si è sviluppata una vegetazione rigogliosa che le ha meritato il soprannome di Isola Verde (il suo nome, di origine semitica, significa invece "isola nera"). Famosa tanto per il mare azzurrissimo e per le splendide spiagge quanto per le sue acque minerali dotate di proprietà terapeutiche, ha il suo centro principale nell'abitato di Ischia. Il borgo è suddiviso in due parti: Ischia Ponte, la più antica, di fronte alla quale emerge l'isolotto del Castello fatto erigere nel XV secolo da Alfonso d'Aragona, e Ischia Porto, la più moderna e turistica. Altri centri interessanti sono Casamicciola, una delle più antiche e rinomate stazioni termali dell'isola; Lacco Ameno, centro balneare e termale famoso per il Fungo, un caratteristico scoglio antistante la spiaggia; Forio, nei cui pressi sorge il grande complesso termale e balneare dei Giardini Poseidon.

Veduta del porto

D I N T O R N I

Procida

L'isola, posta in prossimità di Ischia, deve alla propria origine vulcanica il suo profilo irregolare, in cui le alte scogliere a picco sul mare si alternano ad ampie insenature orlate da belle spiagge e i promontori rocciosi a tranquille calette addolcite dalla frescura della vegetazione. Procida, che è forse meno famosa di Capri e di Ischia ma che per fascino e splendore naturale può rivaleggiare sullo stesso piano con entrambe, è un grande giardino di agrumeti e vigneti che hanno trovato nel suo terreno fertile e nel suo clima mitissimo le migliori condizioni per prosperare e produrre frutti di altissima qualità. Quieto e incantevole, l'abitato più popoloso è Procida, su una lingua di terra che si protende nel mare tra Marina Grande (il porto principale) e Marina Corricella (l'ampia insenatura tra le Punte dei Monaci e Pizzaco): praticamente perduto il castello, trasformato in penitenziario, il borgo ha nella vicina chiesa di San Michele (impreziosita da una tela seicentesca di Luca Giordano) il centro di maggior interesse artistico. Una bella strada panoramica raggiunge a sud-ovest Marina di Chiaiolella, incantevole insenatura alla cui estremità, sulla Punta della Palombara, rimangono i ruderi dell'antica chiesa di Santa Margherita Vecchia.

il porto

DINTORNI

Campi Flegrei

Con questo nome (letteralmente "campi ardenti") è denotata un'ampia area che si estende tra il fiume Sebeto, il Capo Miseno e Cuma. Di origine vulcanica, comprende nell'interno basse e fertilissime colline coperte di vegetazione e inframmezzate da piccoli laghi e aree di interesse geologico (in particolare la Solfatara di Pozzuoli); sulla costa, scogliere e pittoresche insenature. Già i Romani, affascinati dalla bellezza dei luoghi, vi fondarono centri termali e di villeggiatura (celebre quello di Agnano e ancor più quello di Baia) e vi costruirono grandiosi monumenti (come l'Anfiteatro Flavio di Pozzuoli) di cui restano cospicue vestigia.

1) La Solfatara: sabbie ribollenti
2) L'Anfiteatro Flavio: costruito nel I secolo d.C. sotto l'imperatore Vespasiano

DINTORNI

Sorrento

In posizione incantevole su una terrazza naturale a picco sul mare, la città gode di un clima eccezionalmente mite che, unito alla incomparabile bellezza naturale delle calette e delle piccole insenature che si aprono lungo la costa, ne ha fatto un centro di villeggiatura rinomato fin dall'epoca romana. La percorrono pittoresche scale e strette stradine che conducono al porto e alle due Marine (Piccola e Grande) incorniciate da uliveti e agrumeti e affacciate sul mare azzurrissimo. Monumento di spicco della città, il Palazzo Correale di Terranova, immerso in uno splendido giardino, conserva preziosi prodotti di artigianato locale, tra cui le raffinate tarsie locali.

Stabilimenti balneari e porto

DINTORNI

Costiera Amalfitana

Celebrata in tutto il mondo per il suo splendore, la costiera si snoda con i suoi imponenti contrafforti rocciosi ricamati dalle onde del mare tra Sorrento e Salerno. L'aspra roccia, talvolta interrotta da pittoreschi valloni che si insinuano nell'interno, da spettacolari grotte o da incantevoli spiagge, lascia spazio in alto alle terrazze coltivate a vite, olive a agrumi o alla vegetazione spontanea che incornicia località di rara bellezza. Ad Amalfi e Ravello, ricche di storia gloriosa, monumenti artistici preziosissimi e incomparabili meraviglie naturali, fanno da corona i centri "minori": Positano, Praiano, Conca dei Marini, Atrani, Maiori e Minori.

Panorama e Duomo

INDICE

Itinerari	Pag. 4
Introduzione	Pag. 5
Piazza Municipio	Pag. 6
Maschio Angioino	Pag. 8
Galleria Umberto I	Pag.12
Piazza Trieste e Trento	Pag.12
Teatro San Carlo	Pag.14
Piazza Plebiscito e quartiere Pizzofalcone	Pag.16
Palazzo Reale	Pag.18
San Francesco di Paola	Pag.22
Da Santa Lucia a Mare a Borgo Marinaro	Pag.24
Castel dell'Ovo	Pag.26
Via Caracciolo	Pag.27
L'Acquario	Pag.27
Villa Pignatelli	Pag.28
Riviera di Chiaia	Pag.28
Mergellina	Pag.30
Posillipo	Pag.30
Nisida	Pag.31
Fuorigrotta	Pag.32
Via Toledo	Pag.34
Chiesa di Sant'Anna dei Lombardi	Pag.35
Chiesa del Gesù Nuovo	Pag.38
Chiesa e Chiostro di Santa Chiara	Pag.40
San Domenico Maggiore	Pag.42
Cappella San Severo	Pag.43
Piazzetta Nilo	Pag.44
Via San Biagio dei Librai	Pag.46
San Gregorio Armeno	Pag.46
Duomo	Pag.48
Piazza Bellini e le antiche mura greche	Pag.50
San Pietro a Maiello	Pag.52
Croce di Lucca	Pag.52
Cappella Pontano	Pag.53
Via dei Tribunali	Pag.53
Santa Maria Maggiore	Pag.54
San Giovanni a Carbonara	Pag.54
Santa Caterina a Formiello	Pag.56
Porta Capuana	Pag.57
Museo Archeologico Nazionale	Pag.58
Catacombe	Pag.62
Museo e Gallerie Nazionali di Capodimonte	Pag.63
Vomero	Pag.66
Villa Floridiana	Pag.67
Castel Sant'Elmo	Pag.70
Certosa di San Martino	Pag.71
Museo Nazionale di San Martino	Pag.74
Piazza Municipio e Corso Umberto I	Pag.80
Piazza del Mercato	Pag.81
Santa Maria del Carmine	Pag.81
Piazza Garibaldi	Pag.83
Piazza Carlo III	Pag.83
Orto Botanico	Pag.83
Il Vesuvio	Pag.84
Pompei	Pag.86
Capri	Pag.90
Ischia	Pag.91
Procida	Pag.92
Campi Flegrei	Pag.93
Sorrento	Pag.94
Costiera Amalfitana	Pag.95

© COPYRIGHT - KINA ITALIA S.p.A. - Milano
Testi Claudia Converso
Layout Renzo Matino - Schio
Traduzioni ABA - Milano
Stampa KINA ITALIA S.p.A. - Milano
Tutti i diritti per testi e fotografie riservati
Riproduzione anche parziale vietata